汽车构造图册

Automobile Structure

瑞佩尔 ◎ 主编

化学工业出版社
·北京·

内容简介

本书以图解的形式介绍了传统燃油汽车与新能源汽车（包括电动汽车、增程式混动汽车、插电式混动汽车、油电式混动汽车、氢燃料电池汽车）的构造与原理。根据汽车的系统组成与技术特征，主要分为"动力、底盘、车身、电气（扩展安全防护、自动驾驶与车载网络三大系统）"四大部分。以单独主题，独立成节的方式全面讲解各系统的组成、功能、结构及工作原理与运行模式。具体内容有汽油、柴油发动机的一般构造与原理，发动机的新技术；新能源汽车的动力电池技术及电驱电控技术；汽车底盘"传动、行驶、转向、制动"四大系统的常见结构形式与特点；汽车车身与饰件的材料及特点；汽车电气电动化与自动化、智能化控制技术。结合透视图、剖面图、实物图、分解图、原理图等多种彩图的标示讲解，配合中英文专业词汇解释，加上动画演示与视频讲解配套资源，本书内容更为实用、易懂、好学。

本书适合广大汽车爱好者、汽车行业工作人员以及汽车车主阅读使用。既可作为汽车从业人员的培训教材，也可作为高职院校、中职院校、技校等汽车专业学生的辅助教材。

图书在版编目（CIP）数据

汽车构造图册/瑞佩尔主编. —北京：化学工业出版社，2023.6

ISBN 978-7-122-43142-4

Ⅰ.①汽⋯ Ⅱ.①瑞⋯ Ⅲ.①汽车—构造—图集 Ⅳ.①U463-64

中国国家版本馆CIP数据核字（2023）第049921号

责任编辑：周　红
文字编辑：温潇潇
责任校对：李露洁
装帧设计：王晓宇

出版发行：化学工业出版社
　　　　　（北京市东城区青年湖南街13号　邮政编码100011）
印　　装：天津图文方嘉印刷有限公司
880mm×1230mm　1/16　印张13$\frac{1}{2}$　字数335千字
2023年9月北京第1版第1次印刷

购书咨询：010-64518888
售后服务：010-64518899
网　　址：http://www.cip.com.cn

凡购买本书，如有缺损质量问题，本社销售中心负责调换。

定　　价：99.00元　　　　　　　　版权所有　违者必究

Automobile Structure PREFACE 前言

随着我国汽车工业的飞速发展与人们生活水平的普遍提高，汽车已经如同智能手机，渐渐从遥不可及变成如影相随，进入每个人的生活。汽车构造与原理是学习汽车知识、了解汽车技术的基础和前提。汽车不是简单的工业制造品，尤其是当今科技研发出来的汽车产品，更是融合了机械电子、自动控制、自动驾驶、智能网联等诸多高新科技，怎样更快捷更有效地学习和理解汽车的构造与原理知识，成了摆在每个现代"汽车人"面前的课题。

本书采用全彩图解、动画演示、视频讲解的方式全方位展示汽车的各个机构、系统、总成的组成、结构、功能及原理。让即使从来没有接触过、了解过汽车这个复杂的智能化的机电产品的读者都可以轻松地看懂、弄明白。

作为"图册"，图解是本书内容最主要的编述方式，本书集合了结构剖面图、部件分解图、安装位置图、原理方框图等多种类型的图片从各个方位描述汽车的构造原理，使得内容更加直观形象、简洁明了。另外，书中对一些汽车专业术语及总成部件，同时标注了中英两种名称，这样方便读者在学习汽车知识的同时也了解汽车专业英语。

总而言之，本书内容在表现形式上具有如下特点。

1. 系统全面：与目前汽车专业院校所应用的汽车构造类教材内容相匹配，按照汽车结构特点，融入新的汽车技术，去除旧的和一些已淘汰不用的内容，便于与时俱进地学习汽车构造与原理知识。

2. 好学易懂：采用实物图、三维透视图、部件分解图、原理简图等形式直观形象地介绍汽车的组成系统、总成及零部件；利用动画动态地展示汽车各总成系统的组成与工作原理；通过视频演示并讲解系统的工作原理。更立体化地呈现专业知识，使之更易学，更好懂。没有任何专业基础的人员也适用。

3. 中英结合：对一些汽车专业术语及零部件名称，书中采用了英汉对照的编写方式，方便有需要的读者在了解汽车知识的同时学习汽车专业英语。

本书从"总体概述"到汽车的"动力（包括新能源汽车）、底盘、车身、电气（扩展安全防护、自动驾驶与车载网络三大系统）"，共分为十二章（一个节点为一个独立主题）。第1章为概述，介绍汽车分类、类型、组成、结构及参数；第2章介绍汽车发动机，主要介绍燃油型汽油发动机与柴油发动机各系统的构造及特点；第3章是对各种新能源汽车不同类型特点与原理（工作模式），及动力电池、充配电系统、电驱系统、整车控制与热管理系统等的内容介绍；第4至第7章主要讲解底盘"传动、行驶、转向、制动"四大系统；第8章介绍车身，包括车身组成、形式、材料及内外饰件；第9至第12章主要讲了汽车电气系统和安全防护系统、自动驾驶系统与车载网络系统的组成与原理；最后附录为汽车品牌车标及常见英文标识释义。

本书适合广大汽车爱好者、汽车从业人员以及汽车车主阅读使用。既可作为汽车从业人员的培训教材，也可作为高职院校、中职院校、技校等汽车专业学生的辅助教材。

本书由瑞佩尔主编，参加编写的人员有朱如盛、周金洪、刘滨、陈棋、孙丽佳、周方、彭斌、王坤、章军旗、满亚林、彭启凤、李丽娟、徐银泉。由于本书内容涉及的范围极广，新增技术又多，囿于编者水平，不足之处在所难免，恳请广大读者朋友们不吝指正。

编者

Automobile Structure　CONTENTS　目录

1　第1章　汽车概述

1.1	汽车分类	002	1.4 汽车结构	008
1.2	小车类型	004	1.5 汽车参数	010
1.3	汽车组成	006		

2　第2章　汽车发动机

2.1	汽油发动机总体构造	014	2.13 机械增压系统	038
2.2	柴油发动机总体构造	016	2.14 冷却系统	040
2.3	发动机工作原理	018	2.15 润滑系统	042
2.4	发动机专业术语	020	2.16 点火系统	044
2.5	机体组	022	2.17 启动系统	046
2.6	曲柄连杆机构	024	2.18 转子发动机	048
2.7	配气机构	026	2.19 燃气发动机	050
2.8	正时机构	028	2.20 汽油发动机排放控制系统	052
2.9	汽油机燃油供给系统	030	2.21 柴油发动机后处理系统	054
2.10	柴油机燃油供给系统	032	2.22 汽油发动机电控系统	056
2.11	进排气系统	034	2.23 柴油发动机电控系统	058
2.12	涡轮增压系统	036		

第3章
新能源汽车

3.1 新能源汽车类型	062	3.9 纯电动汽车原理 078
3.2 混合动力汽车类型	064	3.10 氢燃料电池电动汽车构造 080
3.3 混联式混合动力汽车原理	066	3.11 氢燃料电池电动汽车原理 082
3.4 插电式混合动力汽车结构	068	3.12 动力电池 084
3.5 插电式混合动力汽车原理	070	3.13 充配电系统 086
3.6 增程式电动汽车结构	072	3.14 电驱系统 088
3.7 增程式电动汽车原理	074	3.15 整车控制系统 090
3.8 纯电动汽车结构	076	3.16 热管理系统 092

第4章
汽车传动系统

4.1 离合器	096	4.6 混动变速器 106
4.2 手动变速器	098	4.7 四轮驱动 108
4.3 自动变速器	100	4.8 分动器与差速锁 110
4.4 双离合变速器	102	4.9 传动轴与驱动桥 112
4.5 无级变速器	104	

第 5 章
汽车行驶系统

5.1 悬架系统	116	5.4 电子悬架	122
5.2 独立悬架	118	5.5 稳定杆与减振器	124
5.3 空气悬架	120	5.6 车轮与轮胎	126

第 6 章
汽车转向系统

| 6.1 转向机构类型 | 130 | 6.3 电动助力转向系统 | 134 |
| 6.2 液压助力转向系统 | 132 | 6.4 全轮转向控制系统 | 136 |

第 7 章
汽车制动系统

| 7.1 制动器 | 140 | 7.3 电液制动系统 | 144 |
| 7.2 助力器与电子驻车制动 | 142 | 7.4 车身稳定系统 | 146 |

第 8 章
汽车车身

- 8.1 车身组成 — 150
- 8.2 车身形式 — 152
- 8.3 车身材料 — 154
- 8.4 车身饰件 — 156

第 9 章
汽车电气

- 9.1 汽车电源 — 160
- 9.2 汽车仪表开关 — 162
- 9.3 汽车照明系统 — 164
- 9.4 汽车电动装置 — 166
- 9.5 汽车空调 — 168
- 9.6 汽车车机 — 170
- 9.7 汽车电路 — 172

第 10 章
汽车安全防护系统

- 10.1 辅助约束系统 — 176
- 10.2 汽车防盗系统 — 178

11 第11章 汽车自动驾驶系统

11.1 汽车驻车辅助　182
11.2 汽车行驶辅助　184
11.3 汽车视觉辅助　186
11.4 汽车安全辅助　188
11.5 汽车无人驾驶　190

12 第12章 汽车车载网络系统

12.1 总线技术　194
12.2 通信技术　196

附录

1. 世界汽车品牌车标大全　200
2. 中国汽车品牌车标大全　202
3. 汽车常见英文标识释义　204

参考文献　206

第 1 章
汽车概述

1.1　汽车分类

1.2　小车类型

1.3　汽车组成

1.4　汽车结构

1.5　汽车参数

1.1 汽车分类

乘用车
Passenger car

轿车
Sedan

SUV
Sport utility vehicle

MPV
Multi-purpose vehicle

旅行车
Station wagon

越野车
ORV，Off-road vehicle

跨界车
Crossover

双门轿跑车
Coupe

皮卡
Pickup truck

中大型车
C 级

紧凑车
A 级

微型车
A00 级

中型车
B 级

小型车
A0 级

豪华型车
D 级

第1章
汽车概述

汽车
Automobile

商用车
Commercial vehicle

货车
Truck

拖车，牵引车
Tractor

挂车，半挂车
Semi-trailer

厢式货车
Van

自卸车
Dump truck

客车
Bus

面包车
Minibus

中巴车
Middle bus

大巴车
Coach，Big bus

铰接车
Articulated bus

1.2 小车类型

单厢车
Van

两厢车
Hatchback

三厢车
Sedan

敞篷车
Convertible

鸥翼门跑车
Gull wing door

掀背车
Hatchback

房车
RV recreational vehicle

蝶翼门跑车
Butterfly doors

鹰翼门跑车
Falcon wing door

第 1 章 汽车概述

超级跑车
Supercar

鱼形车
Fish type car

高性能跑车
GT-grand tourer

船形车
Boat type car

运动车（跑车）
Sports car

楔形车
Wedge-shaped car

软顶（敞篷）车
Cabriolet

流线型车
Streamlined car

硬顶（敞篷）车
Hardtop

甲壳虫型车
Beetle-shaped car

1.3 汽车组成

汽车发动机
Automobile engine
V型十缸汽油发动机

电驱系统
Electric drive system
纯电动汽车使用，一般由电动机、逆变器、齿轮箱组成

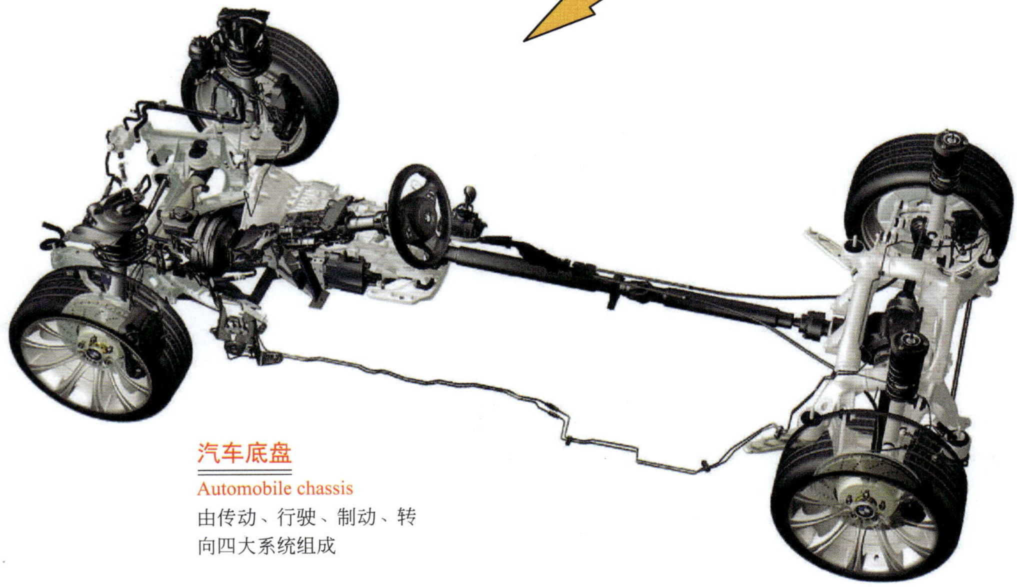

汽车底盘
Automobile chassis
由传动、行驶、制动、转向四大系统组成

扫一扫看动画视频

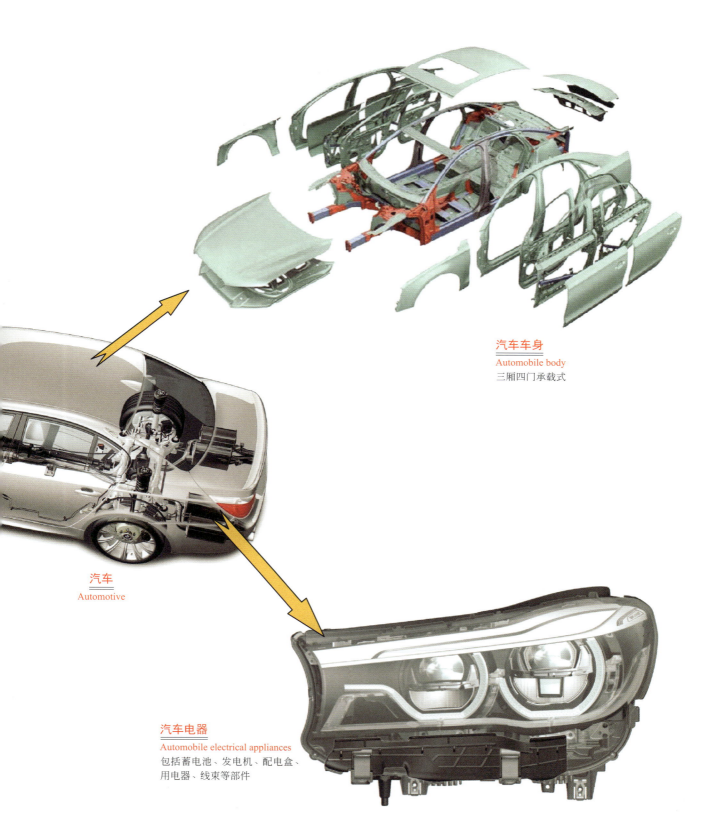

汽车车身
Automobile body
三厢四门承载式

汽车
Automotive

汽车电器
Automobile electrical appliances
包括蓄电池、发电机、配电盒、用电器、线束等部件

说明：图例为汽车电器之一——汽车大灯

1.4 汽车结构

动力-底盘系统
Power-chassis system

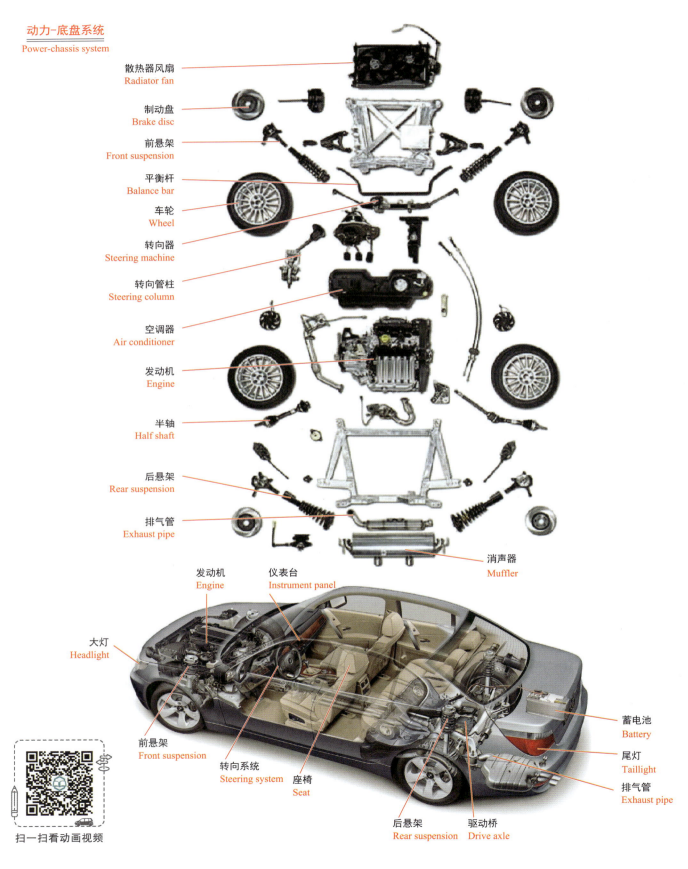

- 散热器风扇 Radiator fan
- 制动盘 Brake disc
- 前悬架 Front suspension
- 平衡杆 Balance bar
- 车轮 Wheel
- 转向器 Steering machine
- 转向管柱 Steering column
- 空调器 Air conditioner
- 发动机 Engine
- 半轴 Half shaft
- 后悬架 Rear suspension
- 排气管 Exhaust pipe
- 消声器 Muffler
- 发动机 Engine
- 仪表台 Instrument panel
- 大灯 Headlight
- 前悬架 Front suspension
- 转向系统 Steering system
- 座椅 Seat
- 后悬架 Rear suspension
- 驱动桥 Drive axle
- 蓄电池 Battery
- 尾灯 Taillight
- 排气管 Exhaust pipe

扫一扫看动画视频

车身-电气系统
Body-electrical system

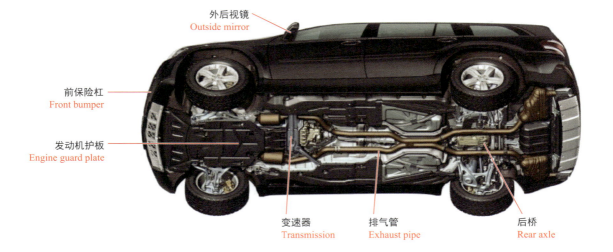

1.5 汽车参数

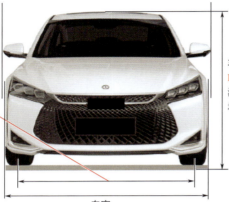

车高 Height
汽车最高点至地面间的距离

前轮距 Front track
汽车左右前轮胎胎面中心线间的距离

后轮距 Rear track
汽车左右后轮胎胎面中心线间的距离

最小离地间隙 Minimum ground clearance
汽车满载时，最低点到地面的距离

车宽 Width
汽车宽度方向两极端点的距离

接近角 Approach angle
指汽车前端凸出点向前轮引的切线与地面的夹角

离去角 Departure angle
汽车后端凸出点向后轮引的切线与地面的夹角

前悬 Front overhang
汽车最前端至前轴中心的距离

轴距 Wheelbase
汽车前轴中心至后轴中心的距离

后悬 Rear overhang
汽车最后端至后轴中心的距离

车长 Length
汽车长度方向两极端点间的距离

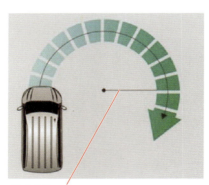

转弯半径 Turning radius
汽车转向时，汽车前外侧转向轮的中心平面在车辆支撑平面上的轨迹圆半径。方向盘转到极限位置时的转弯半径为最小转弯半径

最高车速 Maximum speed（km/h）
汽车在平直道路上行驶时能够达到的最大速度

最快百公里加速时间 100 km acceleration
汽车速度从 0km/h 加速到 100km/h 最快加速时间

第 1 章 汽车概述

最大爬坡度 Maximum climbing angle
汽车满载时的最大爬坡能力

通过角 Through angle
汽车正常通过坡肩的角度

离去角 Departure angle
汽车后端凸出点向后轮引的切线与地面的夹角

接近角 Approach angle
汽车前端凸出点向前轮引的切线与地面的夹角

最大涉水深度 Maximum wading depth
汽车可以在水中正常工作的深度，主要指发动机（由发动机进气口位置及高度决定）

最大倾斜角 Maximum tilt angle
汽车可以侧立于坡面行驶的最大角度

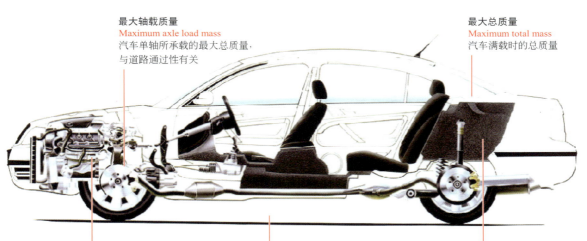

最大轴载质量 Maximum axle load mass
汽车单轴所承载的最大总质量，与道路通过性有关

最大总质量 Maximum total mass
汽车满载时的总质量

平均燃料消耗量 Average fuel consumption (L/100km)
汽车在道路上行驶时每百公里平均燃料消耗量

整车装备质量 Vehicle equipment quality
汽车完全装备好的质量，包括润滑油、燃料、随车工具和备胎等

最大装载质量 Maximum loading mass
汽车在道路上行驶时的最大装载质量

最短制动距离 Braking distance
汽车速度为 100km/h 时全力制动到完全静止时行驶的最短距离

车轮数和驱动轮数 Number of wheels and drive wheels ($n×m$)
车轮数以轮毂数为计量依据，n 代表汽车的车轮总数，m 代表驱动轮数。如 4×4 表示四轮驱动，6×4 表示共 6 车轮，其中有 4 个驱动轮

第 2 章
汽车发动机

- 2.1 汽油发动机总体构造
- 2.2 柴油发动机总体构造
- 2.3 发动机工作原理
- 2.4 发动机专业术语
- 2.5 机体组
- 2.6 曲柄连杆机构
- 2.7 配气机构
- 2.8 正时机构
- 2.9 汽油机燃油供给系统
- 2.10 柴油机燃油供给系统
- 2.11 进排气系统
- 2.12 涡轮增压系统
- 2.13 机械增压系统
- 2.14 冷却系统
- 2.15 润滑系统
- 2.16 点火系统
- 2.17 启动系统
- 2.18 转子发动机
- 2.19 燃气发动机
- 2.20 汽油发动机排放控制系统
- 2.21 柴油发动机后处理系统
- 2.22 汽油发动机电控系统
- 2.23 柴油发动机电控系统

2.1 汽油发动机总体构造

曲柄连杆机构
Crank connecting rod mechanism
由活塞连杆、曲轴飞轮组成，有的还配有平衡轴组件

发动机机体
Engine block
由气缸盖、气缸体、油底壳组成

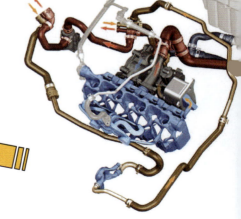

发动机总成
Engine assembly

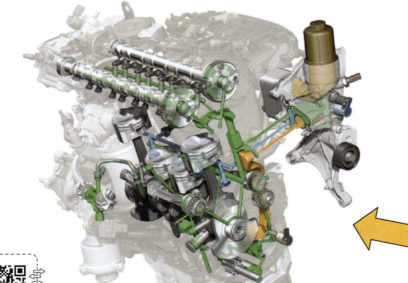

润滑系统
Lubrication system

冷却系统
Cooling system

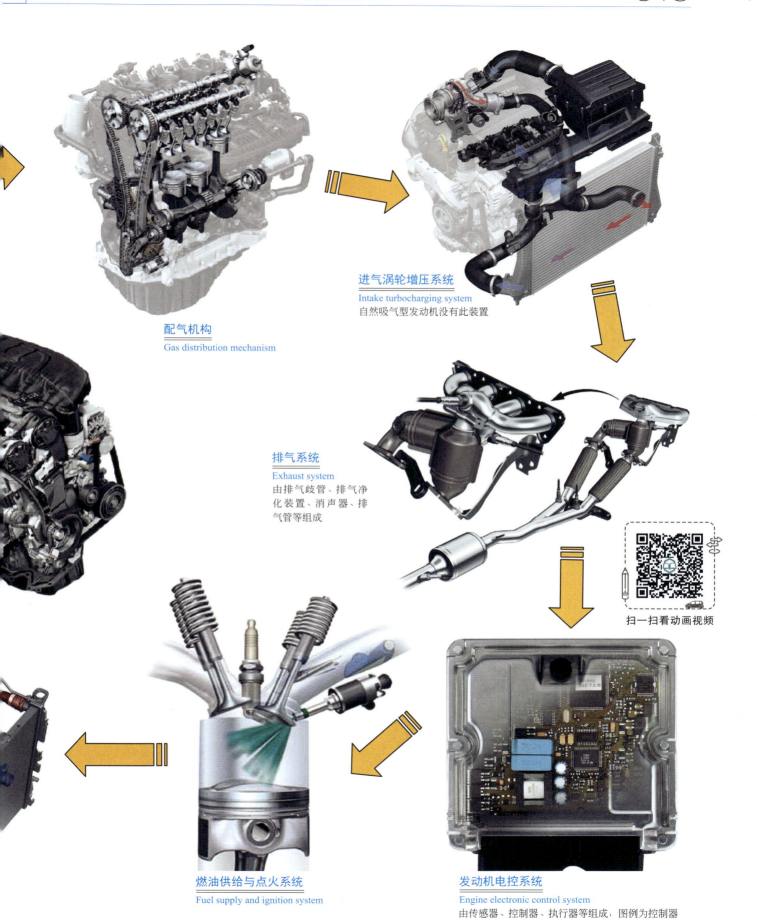

2.2 柴油发动机总体构造

发动机机体 Engine block
由气缸盖、气缸体、油底壳组成

曲柄连杆机构 Crank connecting rod mechanism
由活塞连杆、曲轴飞轮组成，有的还配有平衡轴组件

发动机总成 Engine assembly

进气系统 Intake system

发动机电控系统 Engine electronic control system
由传感器、控制器、执行器等组成，图例为控制器

第 2 章 汽车发动机

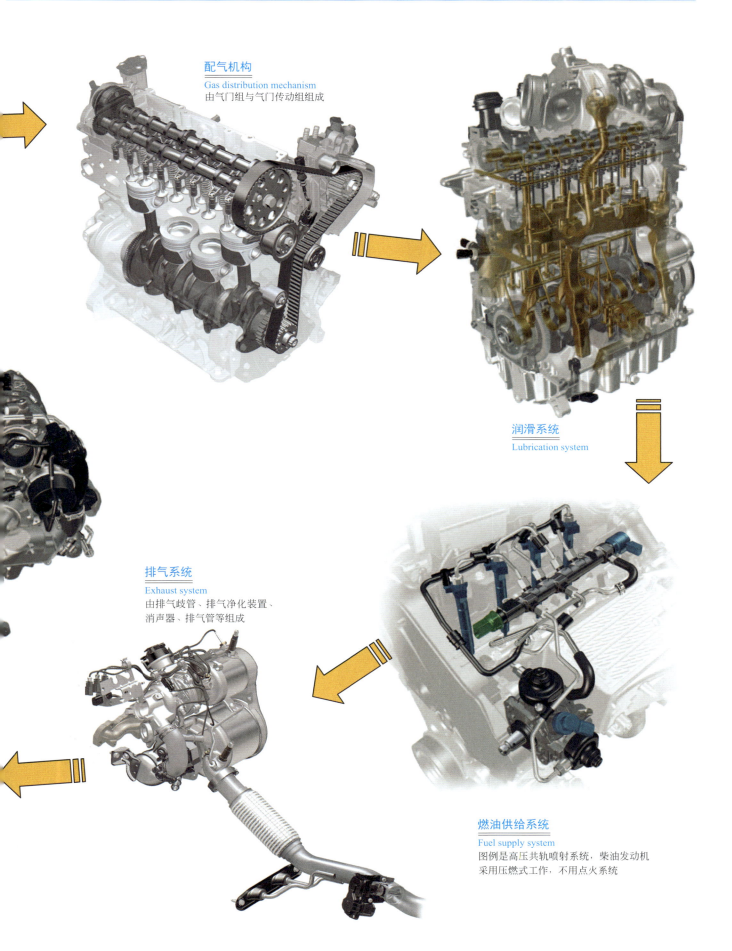

配气机构
Gas distribution mechanism
由气门组与气门传动组组成

润滑系统
Lubrication system

排气系统
Exhaust system
由排气歧管、排气净化装置、消声器、排气管等组成

燃油供给系统
Fuel supply system
图例是高压共轨喷射系统，柴油发动机采用压燃式工作，不用点火系统

2.3 发动机工作原理

四冲程汽油发动机工作原理
Working principle of four-stroke gasoline engine

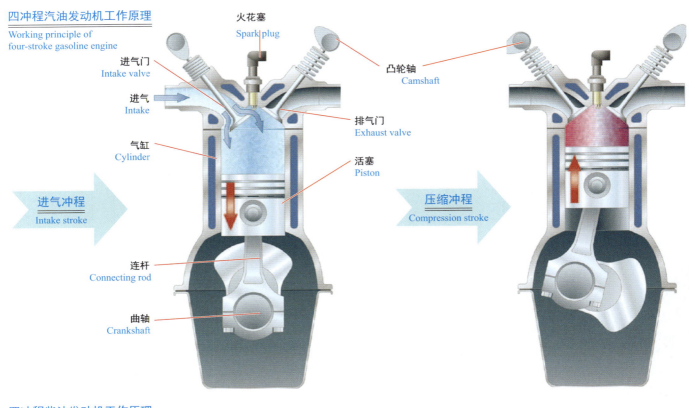

四冲程柴油发动机工作原理
Working principle of four-stroke diesel engine

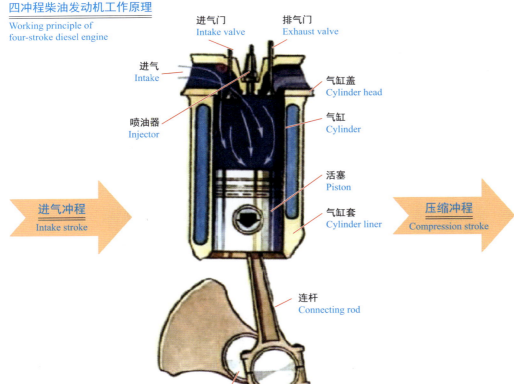

第 2 章
汽车发动机

扫一扫看动画视频

扫一扫看动画视频

做功冲程 Power stroke

排气 Exhaust

排气冲程 Exhaust stroke

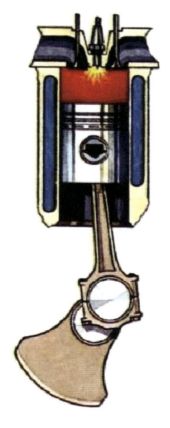

做功冲程 Power stroke

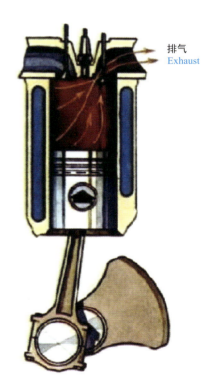

排气 Exhaust

排气冲程 Exhaust stroke

2.4 发动机专业术语

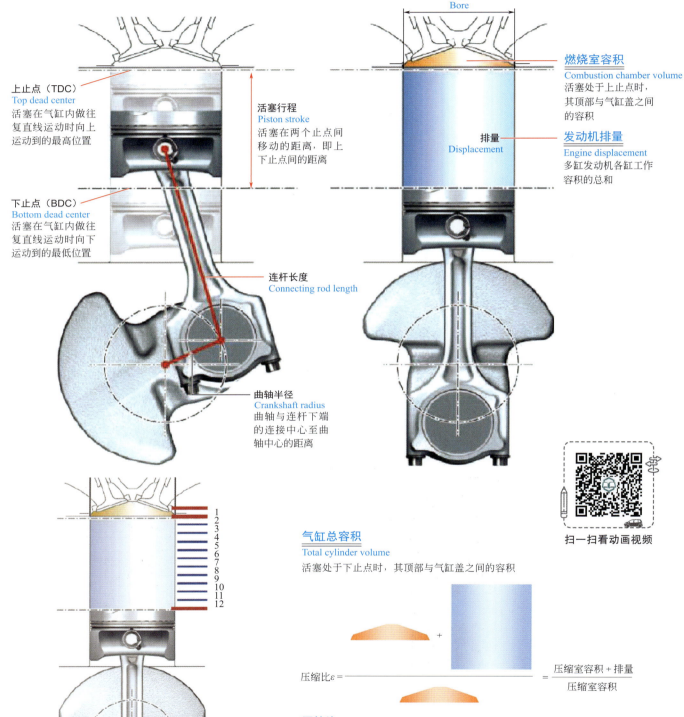

气缸工作容积（排量）
Cylinder working volume (displacement)
气缸总容积与燃烧室容积之差，即活塞在上下止点间运动所扫过的容积。

上止点（TDC）
Top dead center
活塞在气缸内做往复直线运动时向上运动到的最高位置

活塞行程
Piston stroke
活塞在两个止点间移动的距离，即上下止点间的距离

燃烧室容积
Combustion chamber volume
活塞处于上止点时，其顶部与气缸盖之间的容积

排量
Displacement

发动机排量
Engine displacement
多缸发动机各缸工作容积的总和

下止点（BDC）
Bottom dead center
活塞在气缸内做往复直线运动时向下运动到的最低位置

连杆长度
Connecting rod length

曲轴半径
Crankshaft radius
曲轴与连杆下端的连接中心至曲轴中心的距离

气缸总容积
Total cylinder volume
活塞处于下止点时，其顶部与气缸盖之间的容积

$$压缩比\varepsilon = \frac{压缩室容积 + 排量}{压缩室容积}$$

压缩比
Compression ratio
发动机混合气体被压缩的程度，用压缩前的气缸总容积与压缩后的气缸容积（即燃烧室容积）之比表示。压缩比与发动机性能有很大关系，通常低压缩比指的是压缩比在10以下，高压缩比在10以上，相对来说压缩比越高，发动机的动力就越大

$$压缩比\varepsilon = \frac{12}{1} \longrightarrow 12:1$$

扫一扫看动画视频

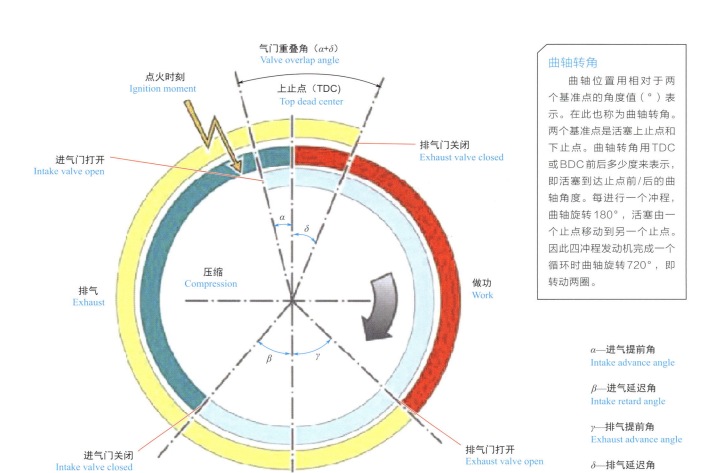

正时时间
Positive time

吸入新鲜汽油空气混合气和排出废气称为换气。通过进气门和排气门控制换气。气门的开启和关闭时刻取决于曲轴转角。这些时刻又称为正时时间，因为它们决定发动机的换气控制。进气气门打开：TDC 前 10°～15°，关闭：BDC 后 40°～60°。排气气门打开：BDC 前 45°～60°，关闭：TDC 后 5°～20°。活塞即将开始向下移动前进气门打开，活塞重新开始向上移动后进气门关闭。排气门的运行方式与进气门相似。活塞开始向上移动前排气门打开，活塞重新开始向下移动后排气门关闭

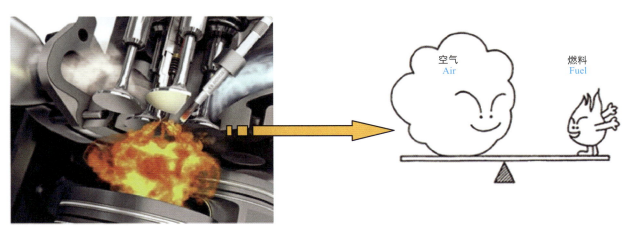

空燃比
Air-fuel ration

空气和燃料质量的混合比，将实际空燃比与理论当量空燃比 14.7 的比值定义为过量空气系数，用符号 λ 表示

2.5 机体组

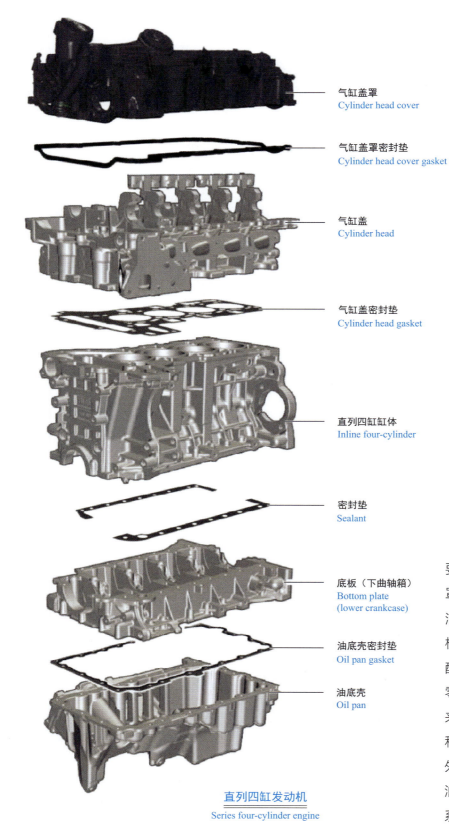

直列四缸发动机
Series four-cylinder engine

- 气缸盖罩 Cylinder head cover
- 气缸盖罩密封垫 Cylinder head cover gasket
- 气缸盖 Cylinder head
- 气缸盖密封垫 Cylinder head gasket
- 正时箱端盖 Timing box end cap
- 直列四缸缸体 Inline four-cylinder
- 密封垫 Sealant
- 底板（下曲轴箱） Bottom plate (lower crankcase)
- 油底壳密封垫 Oil pan gasket
- 油底壳 Oil pan

现代汽车发动机机体组主要由气缸体、气缸盖、气缸盖罩、气缸衬垫、主轴承盖以及油底壳等组成。机体组是发动机的支架，是曲柄连杆机构、配气机构和发动机各系统主要零部件的装配基体。气缸盖用来封闭气缸顶部，并与活塞顶和气缸壁一起形成燃烧室。另外，气缸盖与机体内的水套和油道以及油底壳又分别是冷却系统和润滑系统的组成部分。

第 2 章
汽车发动机

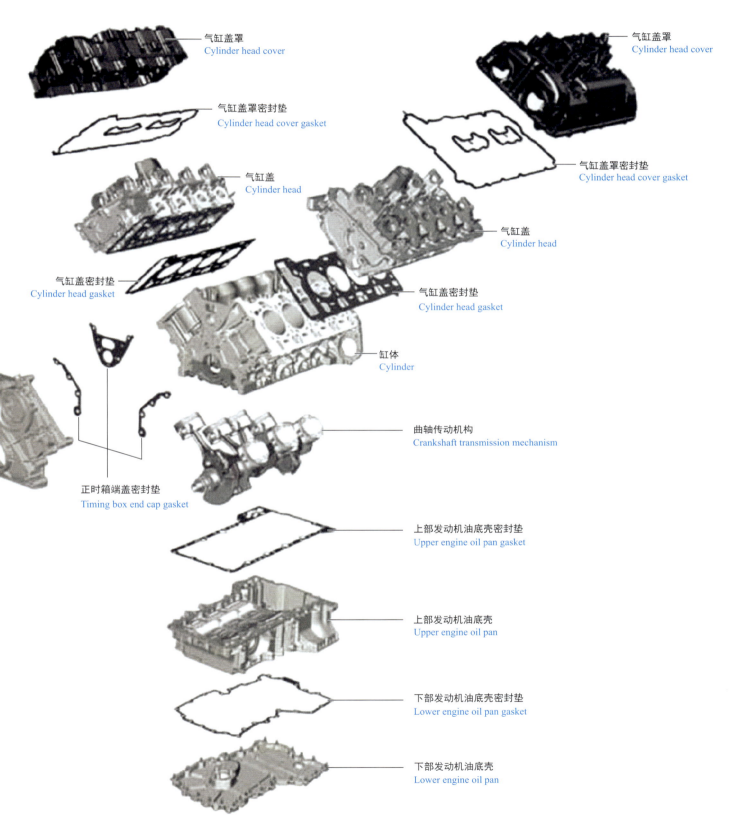

V型八缸发动机
V-shaped eight-cylinder engine

2.6 曲柄连杆机构

直列发动机
Line engine

V 型发动机
V engine

扫一扫看动画视频

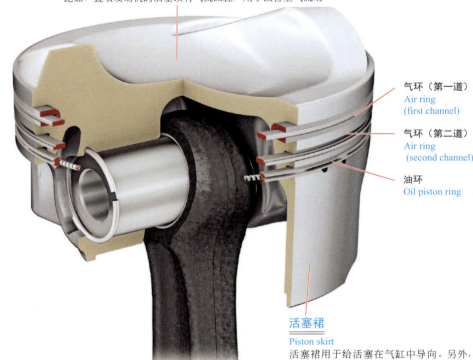

活塞顶
Piston top

活塞顶与气缸、缸盖共同构成了燃烧室。活塞顶的形状取决于气门布置和发动机设计。比如，直喷发动机的活塞顶有气流凹腔，用于改善空气流动

气环（第一道）
Air ring (first channel)

气环（第二道）
Air ring (second channel)

油环
Oil piston ring

活塞环
Piston ring

活塞销
Gudgeon pin

连杆体
Connecting rod shank

上连杆轴瓦
Top bearing shell

曲轴
Crankshaft

活塞裙
Piston skirt

活塞裙用于给活塞在气缸中导向。另外，活塞裙还将侧面力传递到气缸壁上。活塞裙长些并紧些，可以减小活塞侧击

带活塞凹坑的活塞（柴油机）

带气门凹座的活塞（增压直喷汽油机）

用于分层充气的活塞（直喷汽油机）

带有倾斜面的活塞（W12 发动机）

第 2 章 汽车发动机

W 型发动机
W engine

水平对置发动机
Boxer engine

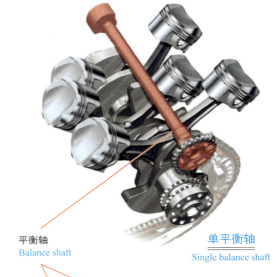

平衡轴
Balance shaft

单平衡轴
Single balance shaft

扫一扫看动画视频

活塞
Piston

活塞销卡簧
Gudgeon pin retention

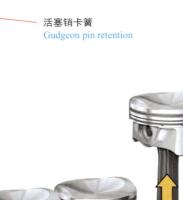

飞轮连接法兰
Flywheel connection flange

动力输出端
Power output

双平衡轴
Double balance shaft

ω 型燃烧室（柴油机）
ω type combustion chamber (diesel engine)

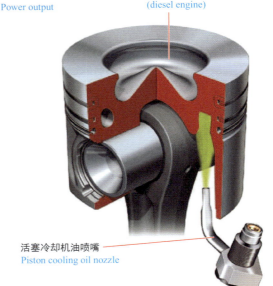

活塞冷却机油喷嘴
Piston cooling oil nozzle

下连杆轴瓦
Bottom bearing shell

连杆螺栓
Connecting rod bolt

曲柄连杆机构由活塞组、连杆组和曲轴飞轮组等零部件组成。其功用是将活塞的往复运动转变为曲轴的旋转运动，同时将作用于活塞上的力转变为曲轴对外输出的转矩，以驱动汽车车轮转动。

2.7 配气机构

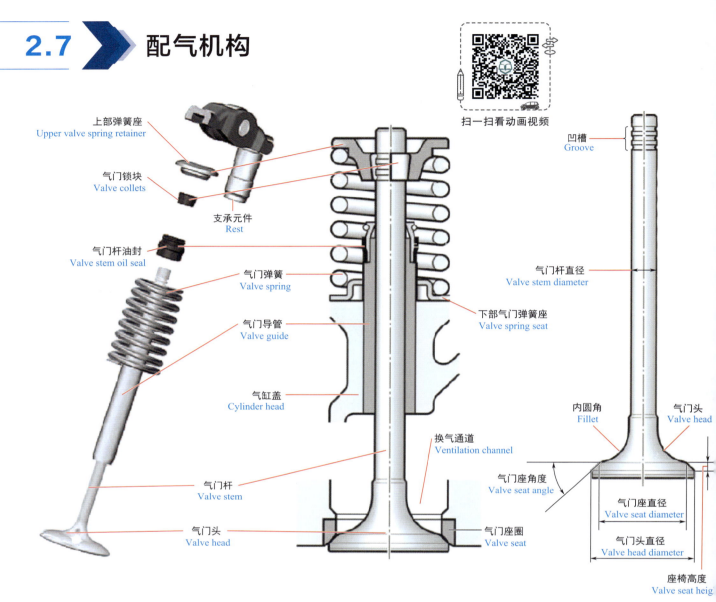

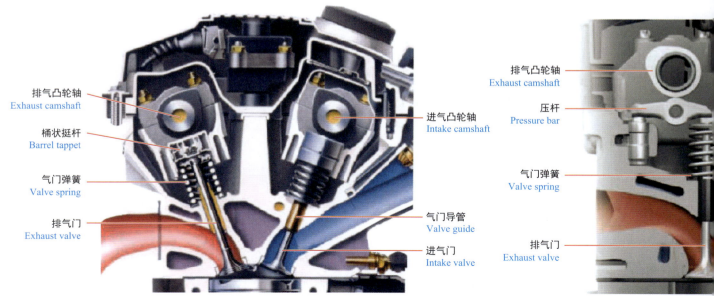

第 2 章
汽车发动机

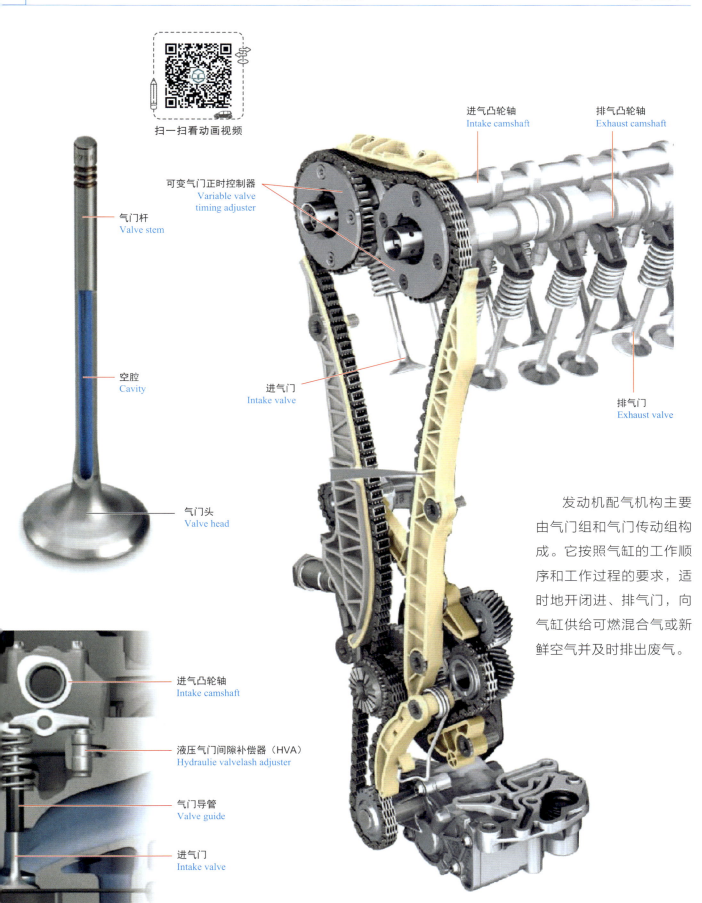

发动机配气机构主要由气门组和气门传动组构成。它按照气缸的工作顺序和工作过程的要求，适时地开闭进、排气门，向气缸供给可燃混合气或新鲜空气并及时排出废气。

2.8 正时机构

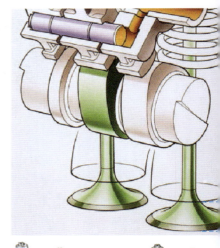

扫一扫看动画视频

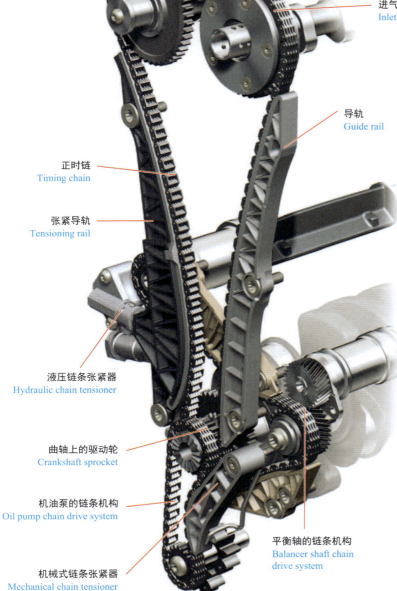

- 排气凸轮轴上的链轮 Exhaust camshaft sprocket
- 进气凸轮轴上的链轮 Inlet camshaft sprocket
- 导轨 Guide rail
- 正时链 Timing chain
- 张紧导轨 Tensioning rail
- 液压链条张紧器 Hydraulic chain tensioner
- 曲轴上的驱动轮 Crankshaft sprocket
- 机油泵的链条机构 Oil pump chain drive system
- 平衡轴的链条机构 Balancer shaft chain drive system
- 机械式链条张紧器 Mechanical chain tensioner

 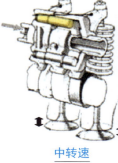

低转速 Low speed　　中转速 Medium speed

本田可变气门正时与气门升程电子控制技术，简写为VTEC（Variable valve timing and valve lift electronic control system）。它使用两组不同大小的凸轮，配合气门摇臂上的同步卡销（三段式VTEC），就可以实现对气门升程和正时的调节。在中、低转速用低角度凸轮，在高转速时，高角度大凸轮用来提高进气量，给发动输送更多的混合气体，从而实现高转速时的高动力性能。

提前 Advance
延迟 Delay

可变气门正时（VTC，Variable timing control）技术可以使发动机的"呼吸"更为顺畅自然，使发动机在不同转速与工况下获得更为理想的进、排气效率。可变气门正时技术，其功能主要是改变发动机气门开启和闭合的时间，以达到更合理地控制相应发动机转速所需的空气量，作用主要还是降低油耗，提高经济性。

可变气门升程（VVL，Variable valve lift）技术可以使发动机的"呼吸"更为顺畅自然。可变气门升程利用凸轮轴上高低凸轮的切换控制气门开启大小，进而控制进气量与排气量。

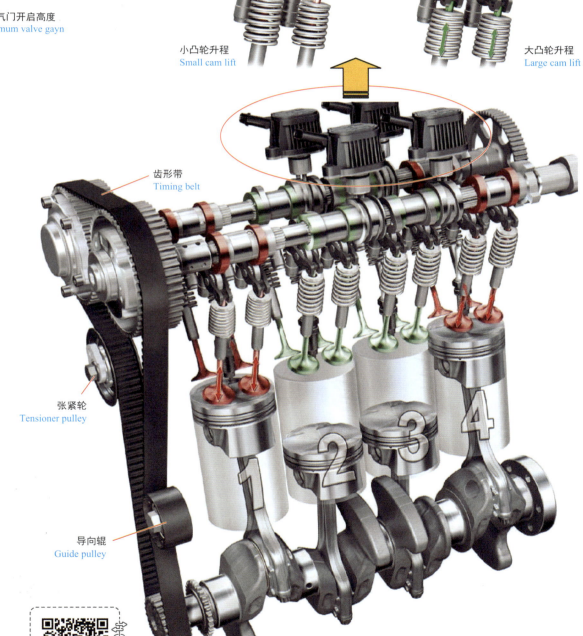

最大气门开启高度
Maximum valve gayn

高转速
High speed

小凸轮升程
Small cam lift

大凸轮升程
Large cam lift

齿形带
Timing belt

张紧轮
Tensioner pulley

导向辊
Guide pulley

扫一扫看动画视频

奥迪气门升程系统（AVS，Audi valvelift system）可实现气缸关闭功能（按需停缸），如停用第2缸和第3缸，使第1缸和第4缸工作。

2.9 汽油机燃油供给系统

扫一扫看动画视频

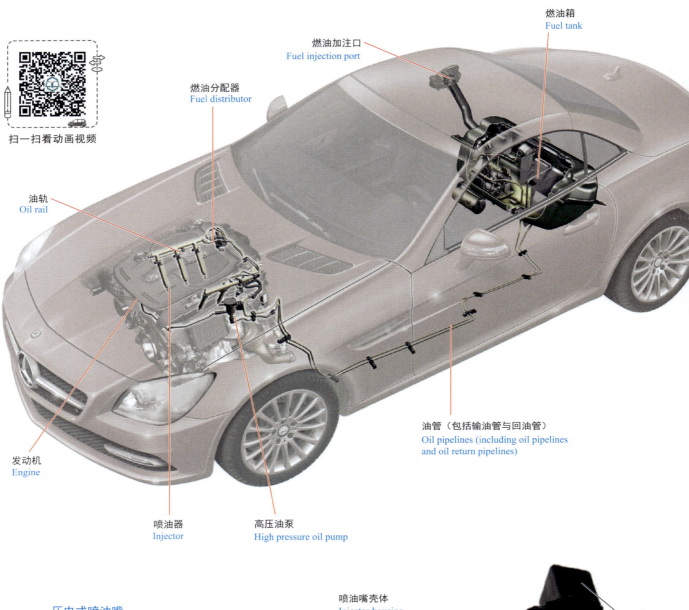

- 燃油箱 Fuel tank
- 燃油加注口 Fuel injection port
- 燃油分配器 Fuel distributor
- 油轨 Oil rail
- 油管（包括输油管与回油管）Oil pipelines (including oil pipelines and oil return pipelines)
- 发动机 Engine
- 喷油器 Injector
- 高压油泵 High pressure oil pump

压电式喷油嘴 Piezoelectric injector

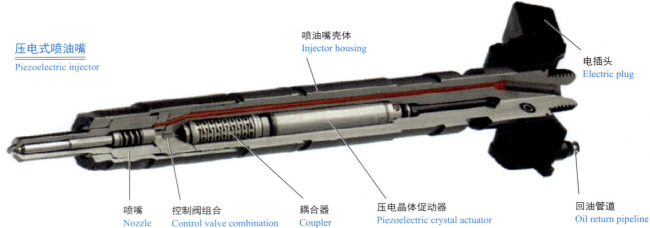

- 喷油嘴壳体 Injector housing
- 电插头 Electric plug
- 喷嘴 Nozzle
- 控制阀组合 Control valve combination
- 耦合器 Coupler
- 压电晶体促动器 Piezoelectric crystal actuator
- 回油管道 Oil return pipeline

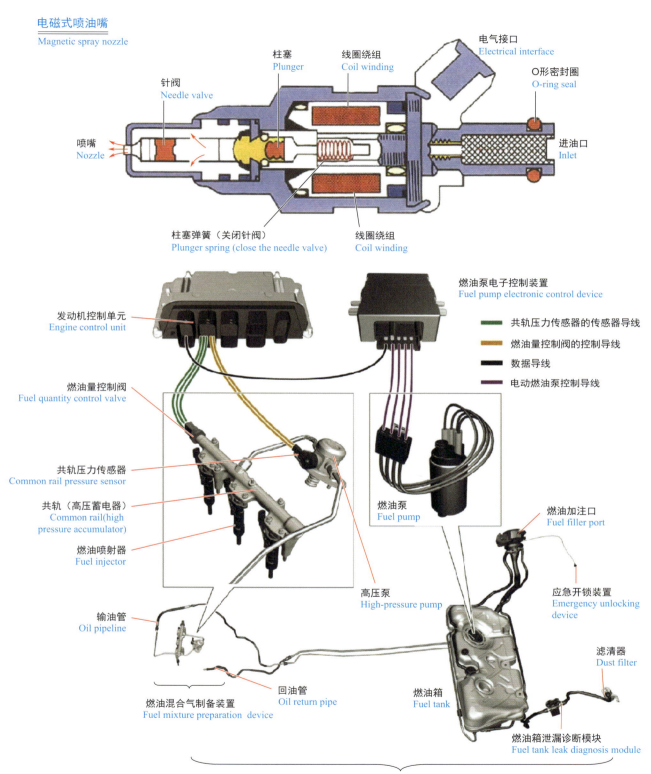

燃油系统由燃油供给系统和燃油混合气制备装置组成。燃油供给系统负责将燃油从燃油箱输送至发动机。燃油混合气制备装置是发动机的组成部分，负责为每次燃烧过程提供准确的燃油量。

2.10 柴油机燃油供给系统

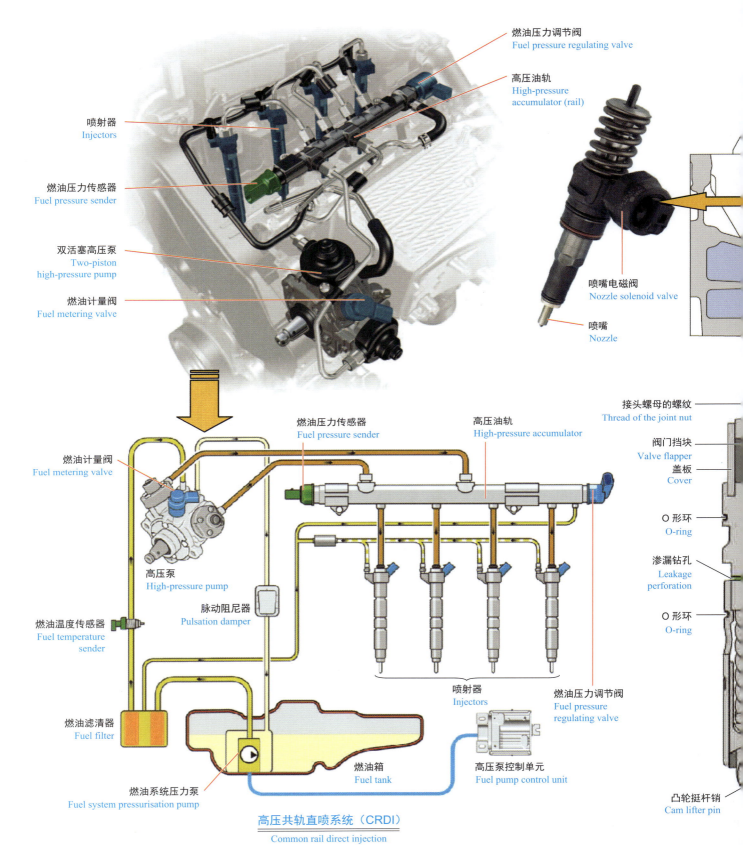

高压共轨直喷系统（CRDI）
Common rail direct injection

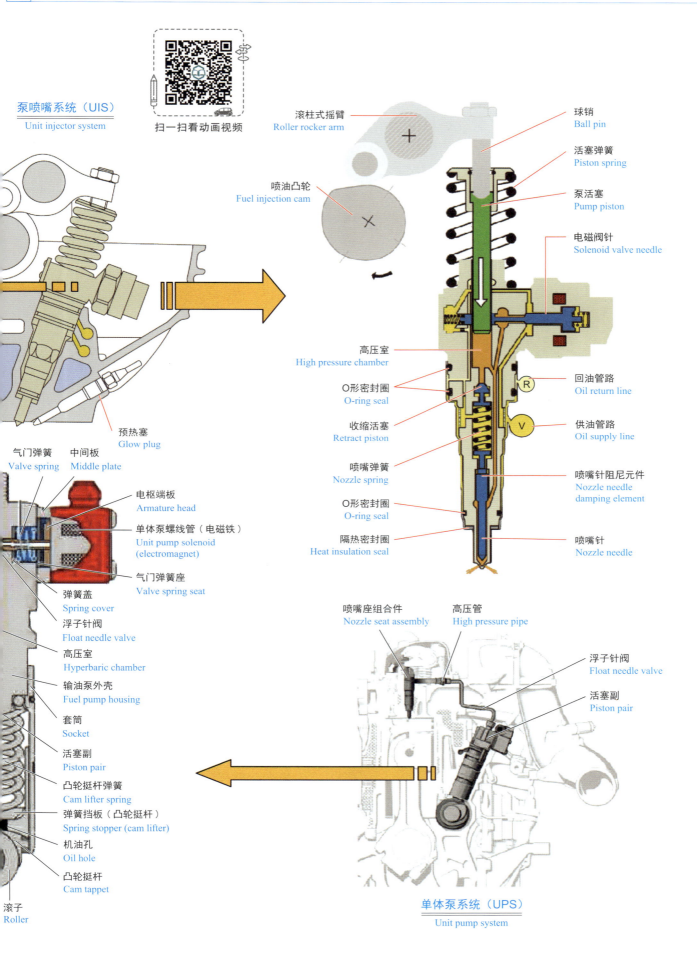

2.11 进排气系统

发动机进气和排气系统通常被视为关联系统。一方面，气体先后以新鲜空气和废气形式经过整个系统。另一方面，某些发动机的系统存在内在联系（例如废气涡轮增压器）。进气系统负责为发动机提供新鲜空气，排气系统则负责运走燃烧废气。

可变进气歧管在低转速区域时2级和3级切换翻板关闭；在中转速区域时，3级翻板关闭，2级翻板打开；在高转速区域时，2级和3级翻板都开启。

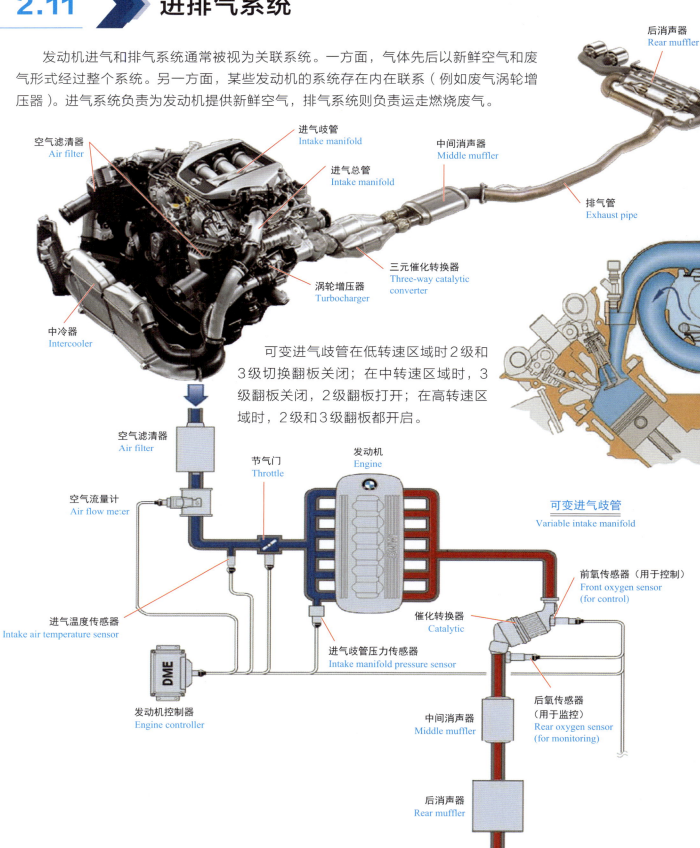

第 2 章
汽车发动机

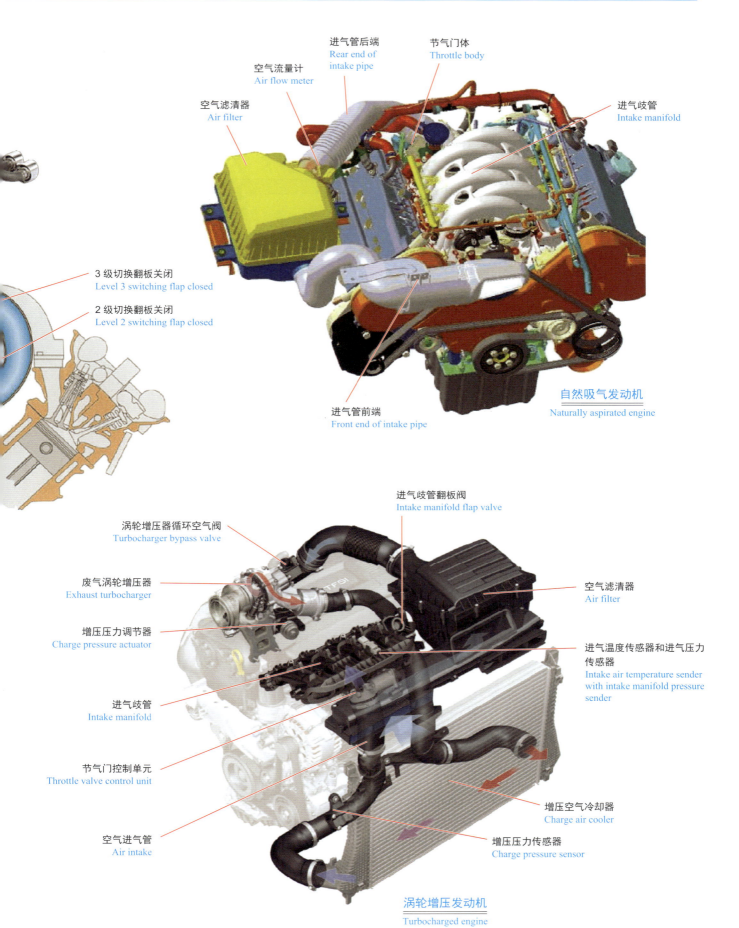

2.12 涡轮增压系统

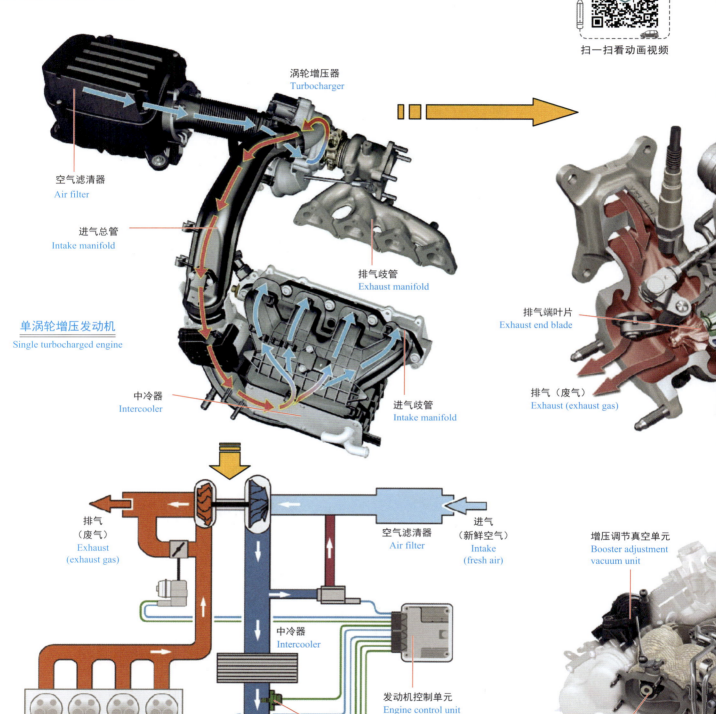

利用发动机废气能量驱动涡轮增压器，称为废气涡轮增压（简称涡轮增压，Turbocharger，缩写为 Turbo 或 T）。发动机排出的废气可以推动涡轮排气端内的叶片，由于这个叶片通过轴承与进气端内的叶片相连，所以排气端叶片就可以带动进气端叶片，而进气端叶片快速转动将更多的新鲜空气压入进气道，由此来提高发动机的效率。

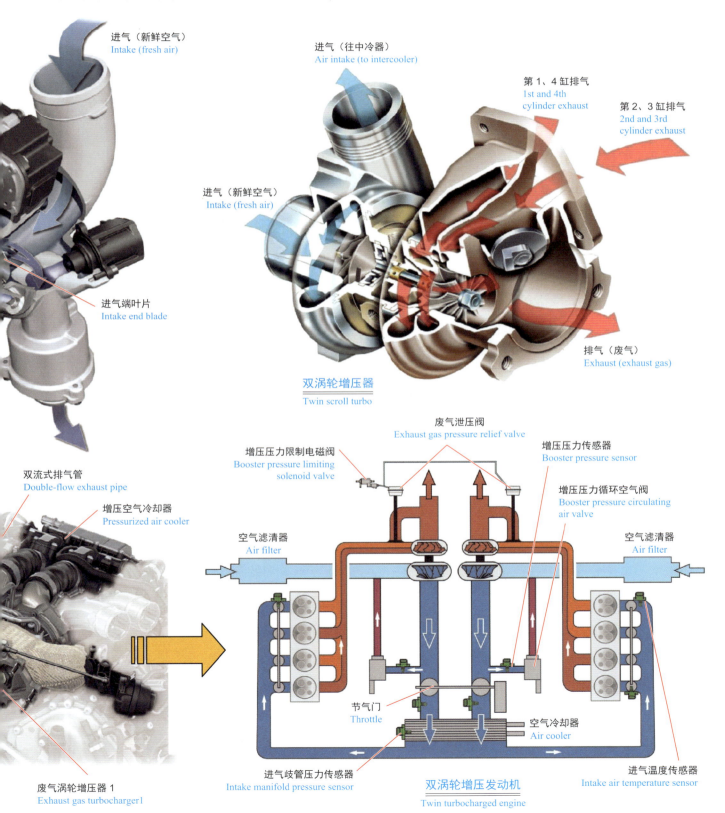

2.13 机械增压系统

扫一扫看动画视频

- 调节翻板控制单元 Adjust the flap control unit
- 机械增压器 Supercharger
- 来自压气机 From the compressor
- 去往节气门控制单元 To the throttle control unit
- 废气涡轮增压器 Exhaust gas turbocharger
- 增压空气冷却器 Pressurized air cooler
- 空气滤清器 Air filter
- 增压模块（罗茨式增压器）Booster module (Roots type booster)
- 空气冷却器 Air cooler

机械增压器是一种强制性容积置换泵，简称容积泵。它跟涡轮增压器一样，可以增加进气管内的空气压力和密度，往发动机内压入更多的空气，使发动机每个循环可以燃烧更多的燃油，从而提高发动机的升功率和平均有效压力，使汽车动力性、燃油经济性和排放都得到改善。

"罗茨式增压器"这个名称来源于Philander和Francis Roots兄弟。罗茨式增压器的结构形式就是旋转活塞式机构，按容积泵原理工作，无内部压缩。压气机模块（罗茨式增压器）内集成有罗茨式鼓风机和增压空气冷却系统。

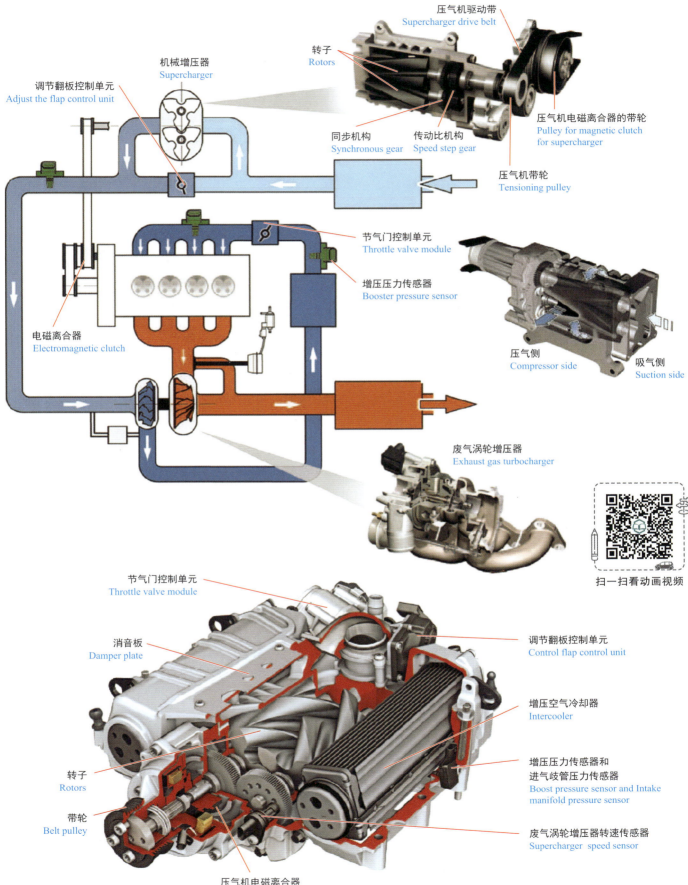

2.14 冷却系统

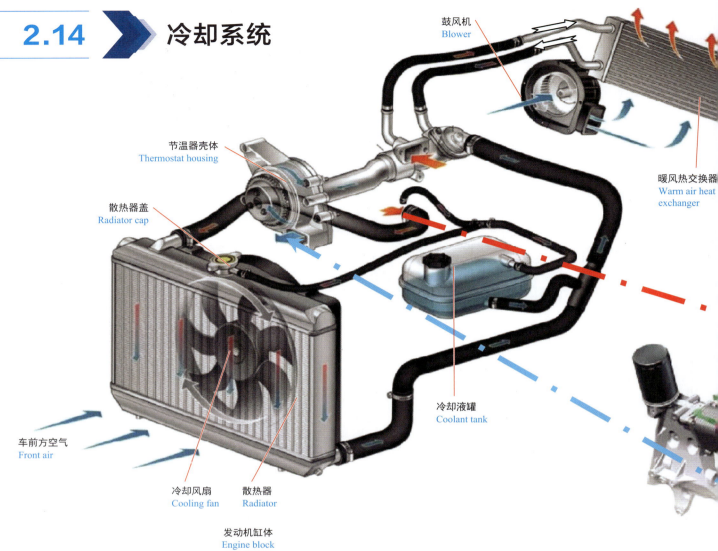

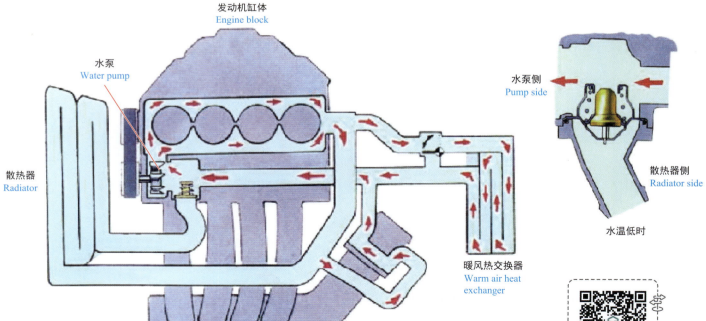

冷却液小循环（节温器关闭）
Coolant small circulation (thermostat closed)

汽车发动机采用的水冷系统，利用水泵使冷却液在冷却系统中循环流动，一般称为强制循环式水冷系统。冷却系统主要由水泵、散热器、冷却风扇、补偿水箱、节温器、发动机机体和气缸盖中的水套以及附属装置等组成。在冷却系统中，有两个散热循环：一个是冷却发动机的主循环；另一个是车内取暖循环。这两个循环都以发动机为中心，使用同一冷却液。

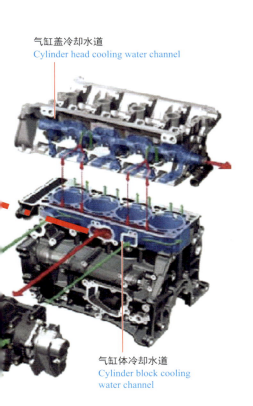

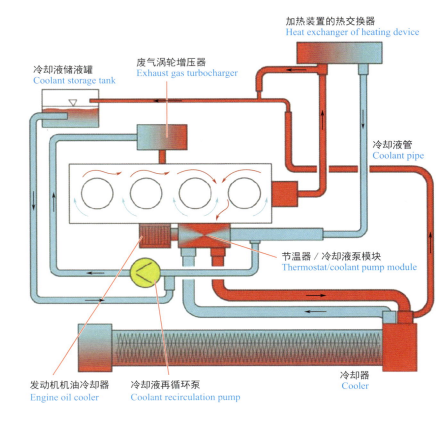

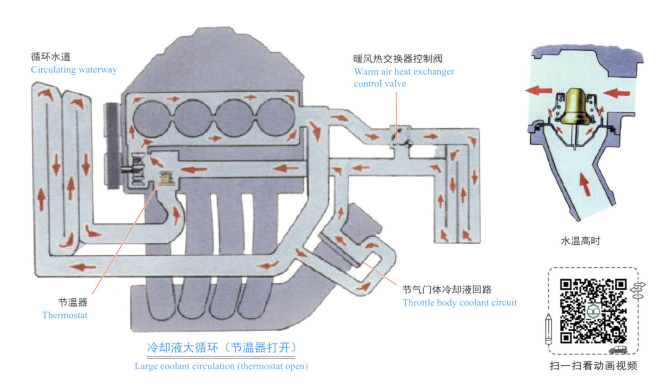

冷却液大循环（节温器打开）
Large coolant circulation (thermostat open)

2.15 润滑系统

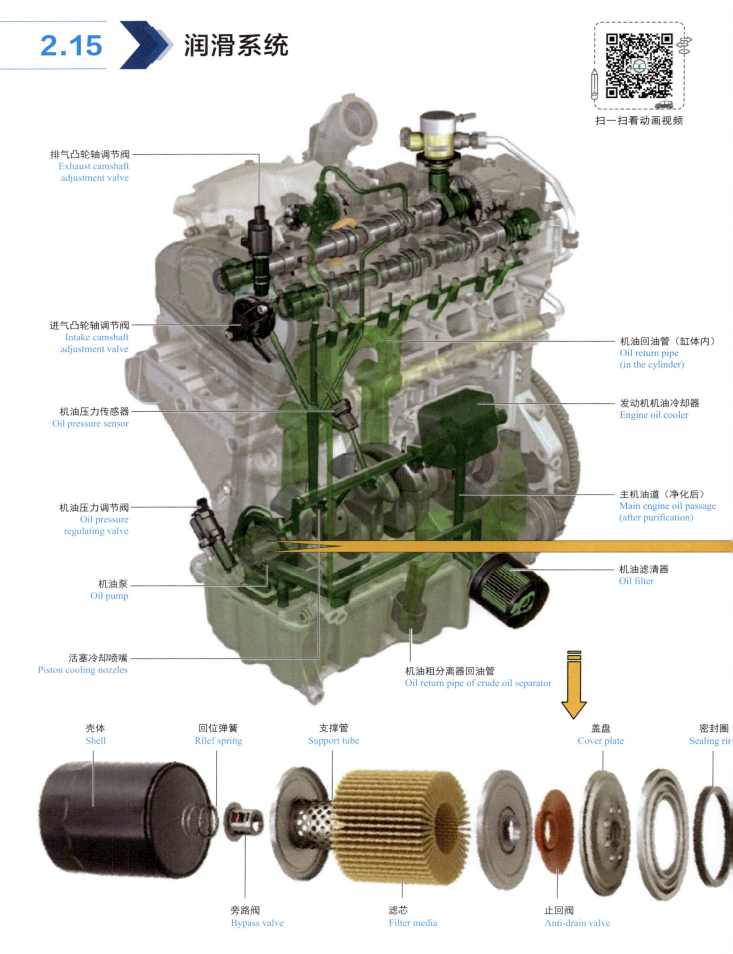

润滑系统由机油滤清器、机油泵、机油压力传感器、机油液位传感器（部分发动机配备）等组成，其主要作用是向运动的零件表面输送定量的清洁润滑油，减小摩擦阻力，减轻机件磨损，并对零件表面进行清洗和冷却。

扫一扫看动画视频

扫一扫看动画视频

扫一扫看动画视频

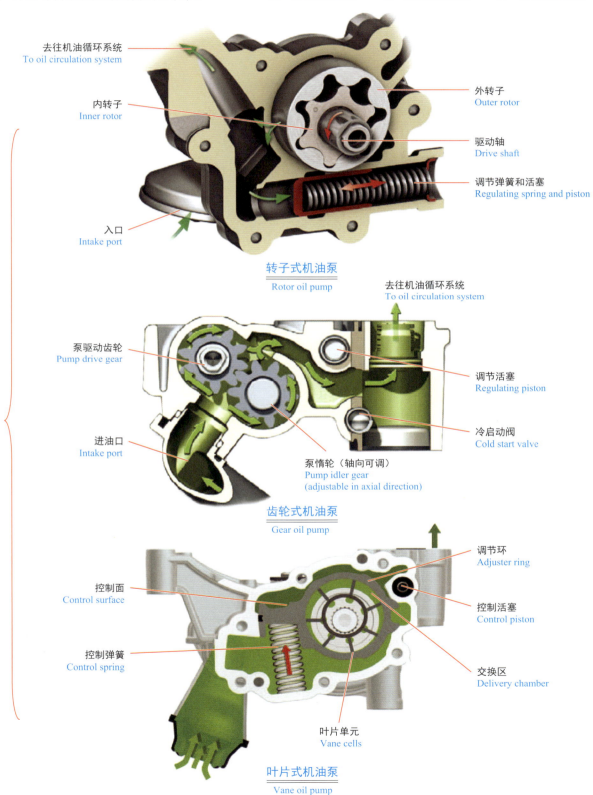

2.16 点火系统

汽车点火系统是点燃式发动机为了正常工作，按照各缸点火次序，定时地供给火花塞以足够高能量的高压电（15000～30000V），使火花塞产生足够强的火花，点燃可燃混合气。

机械式点火系统工作过程是由曲轴带动分电器轴转动，分电器轴上的凸轮转动使点火线圈初级触点接通与闭合而产生高压电，然后通过分电器轴上的分火头，根据发动机工作要求按顺序送到各个气缸的火花塞上，火花塞发出电火花点燃燃烧室内的气体。

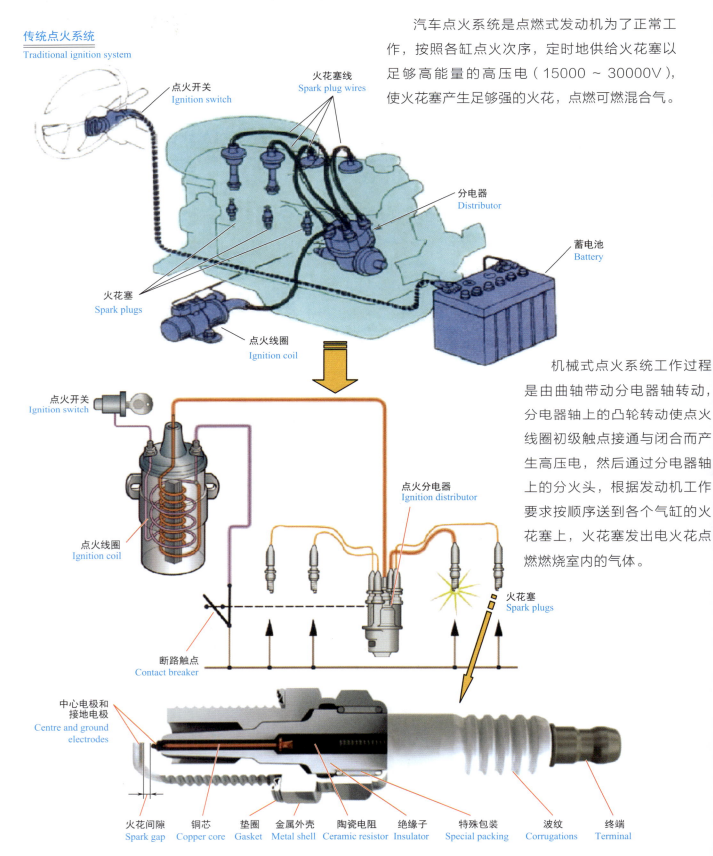

传统点火系统
Traditional ignition system

直接点火系统
Direct ignition system

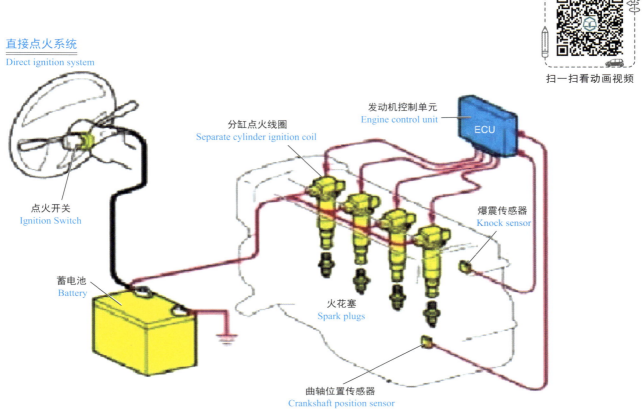

无分电器点火系统（DIS，Distributorless ignition system），一般每个气缸都有自己专用的点火线圈，该线圈就安装在火花塞上方，由发动机控制单元来操控。

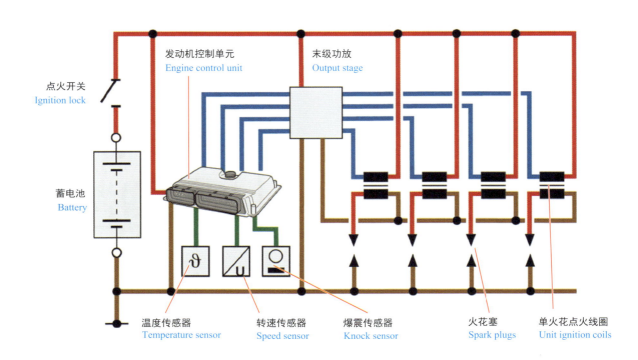

2.17 启动系统

启动系统将储存在蓄电池内的电能转换为机械能，要实现这种转换，必须使用起动机。起动机的功用是由直流电动机产生动力，经传动机构带动发动机曲轴转动，从而实现发动机的启动。启动系统包括以下部件：蓄电池、点火开关（启动开关）、起动机总成、启动继电器等。

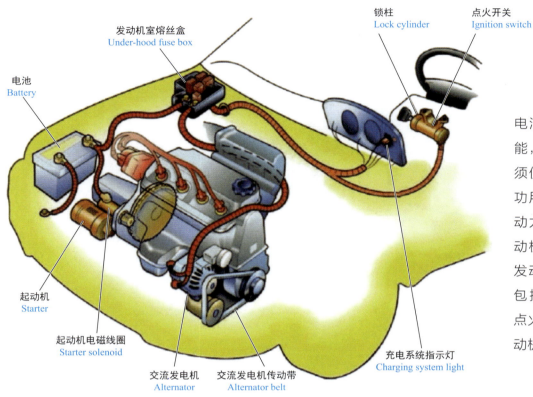

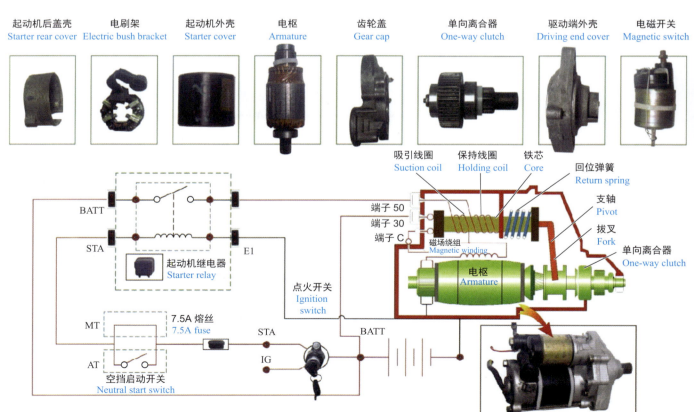

第 2 章
汽车发动机

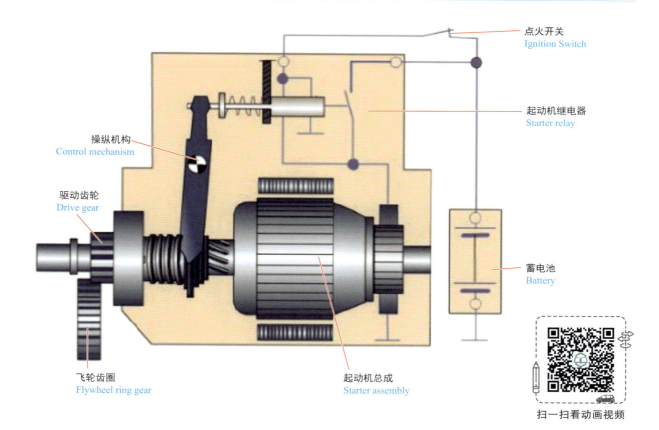

起动机可以将蓄电池的电能转化为机械能，驱动发动机飞轮旋转实现发动机的启动。发动机在以自身动力运转之前，必须借助外力旋转。发动机借助外力由静止状态过渡到能自行运转的过程，称为发动机的启动。起动机是启动系统的核心部件。起动机由直流串励电动机、传动机构和控制装置三大部分组成。电动机包括必要的电枢、换向器、磁极、电刷、轴承和外壳等部件。

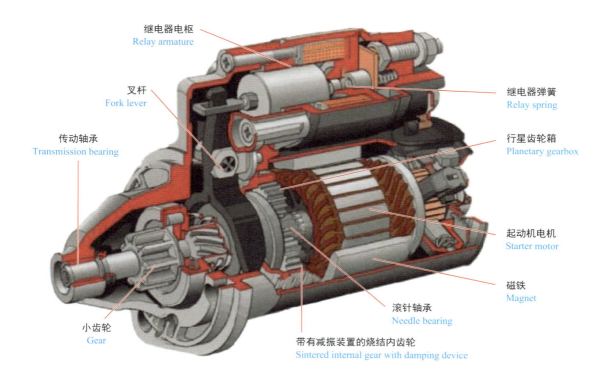

2.18 转子发动机

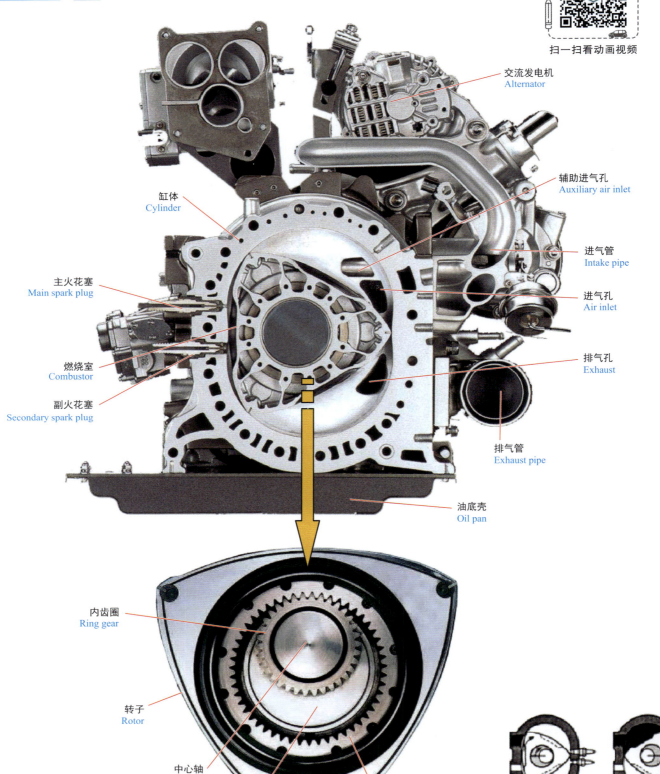

TDC

进气冲程

在转子发动机中,燃烧产生的压力保存在壳体和三角形转子(在该发动机中用来代替活塞)构成的密封室中。转子有三个凸面,每个凸面相当于一个活塞。转子的每个凸面都有一个凹陷,用于增加发动机的排气量,容纳更多空气、燃油混合气。

扫一扫看动画视频

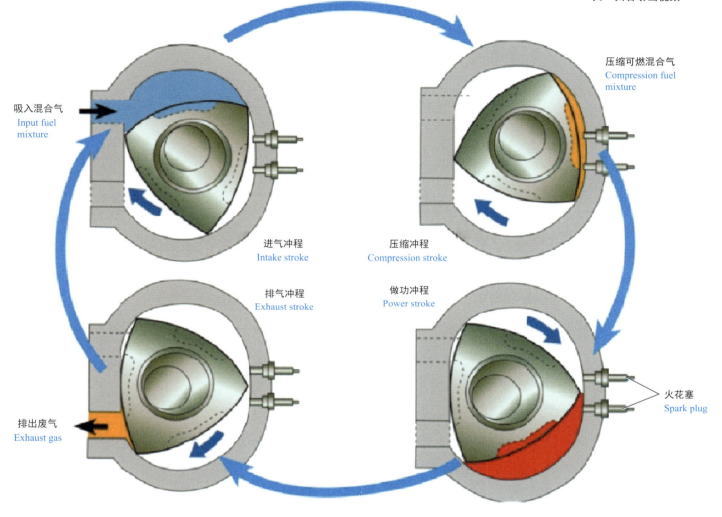

转子有一组内部齿轮,位于其中一个侧面的中心。它们与固定到壳体的齿轮相啮合。这种啮合决定了转子在壳体内运动的路径和方向。壳体大致呈椭圆形。壳体的每一部分都专用于燃烧过程的一部分。燃烧过程的四部分包括:进气、压缩、燃烧和排气。当转子在壳体内转动时,会推动凸轴旋转;转子每转一周,凸轴会旋转三周。

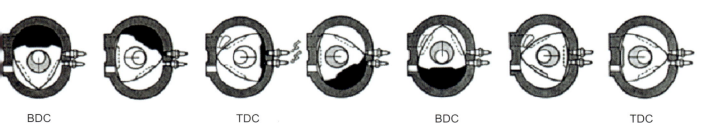

2.19 燃气发动机

发动机所用的燃料，除常用的汽油、柴油外，还可用下列代用燃料：天然气（NG）、液化石油气（LPG）、人工煤气、氢、生物气如沼气及甲醇、乙醇等。根据天然气（NG）的保存方法，天然气大体可分为三种类型：液化天然气（LNG）、压缩天然气（CNG）、吸附天然气（ANG）。在气体代用燃料中，压缩天然气是公认的首选代用燃料，其次是液化石油气。通常我们把以气体燃料作为能源取代燃油的汽车称作燃气汽车。

扫一扫看动画视频

汽油/CNG 双燃料发动机
Gasoline/CNG dual fuel engine

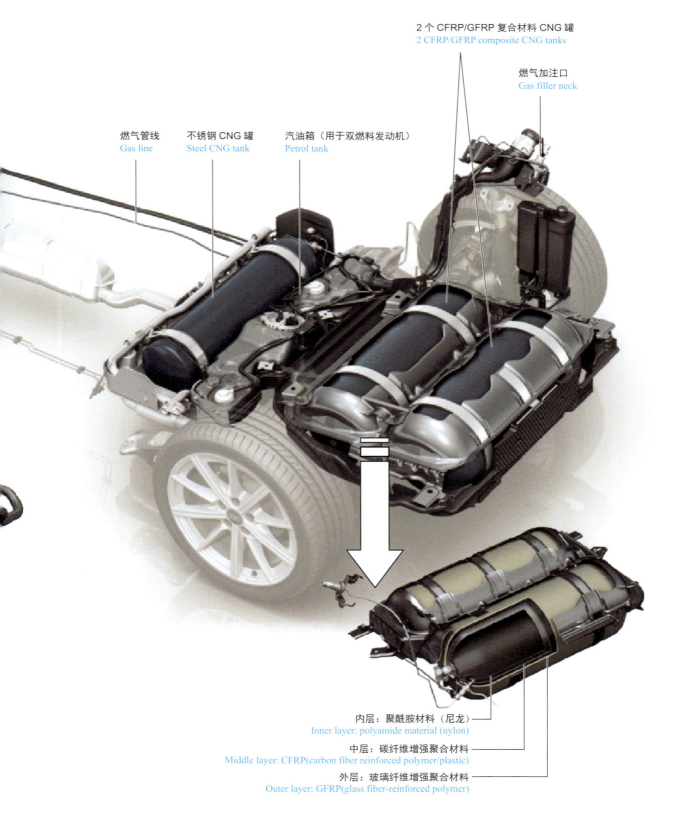

2.20 汽油发动机排放控制系统

废气再循环系统（Exhaust gas recirculation，EGR）是机外净化技术的一种，它将适量的废气引入气缸内参加燃烧，从而降低气缸内的最高温度，以减少NO_x的排放量。

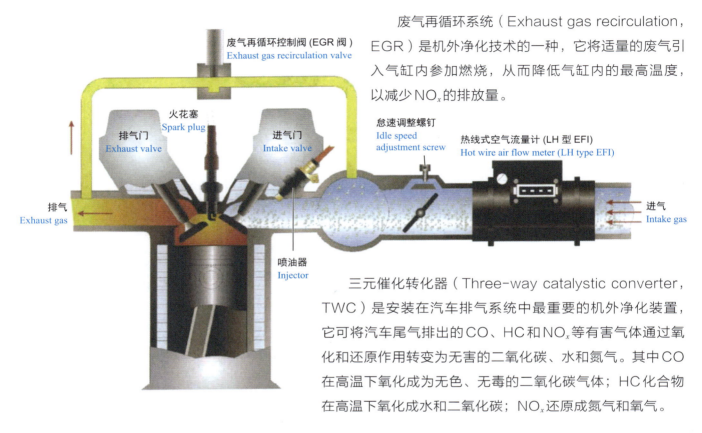

三元催化转化器（Three-way catalystic converter，TWC）是安装在汽车排气系统中最重要的机外净化装置，它可将汽车尾气排出的CO、HC和NO_x等有害气体通过氧化和还原作用转变为无害的二氧化碳、水和氮气。其中CO在高温下氧化成为无色、无毒的二氧化碳气体；HC化合物在高温下氧化成水和二氧化碳；NO_x还原成氮气和氧气。

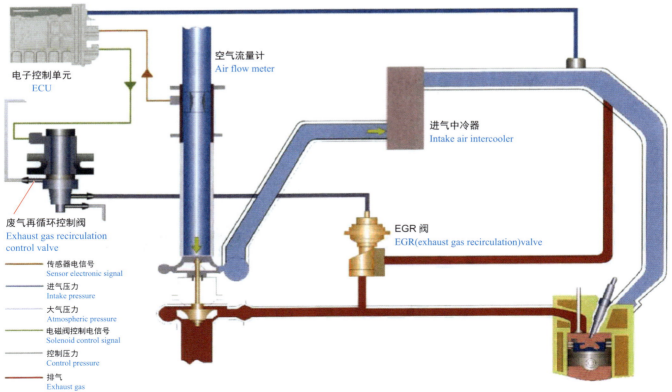

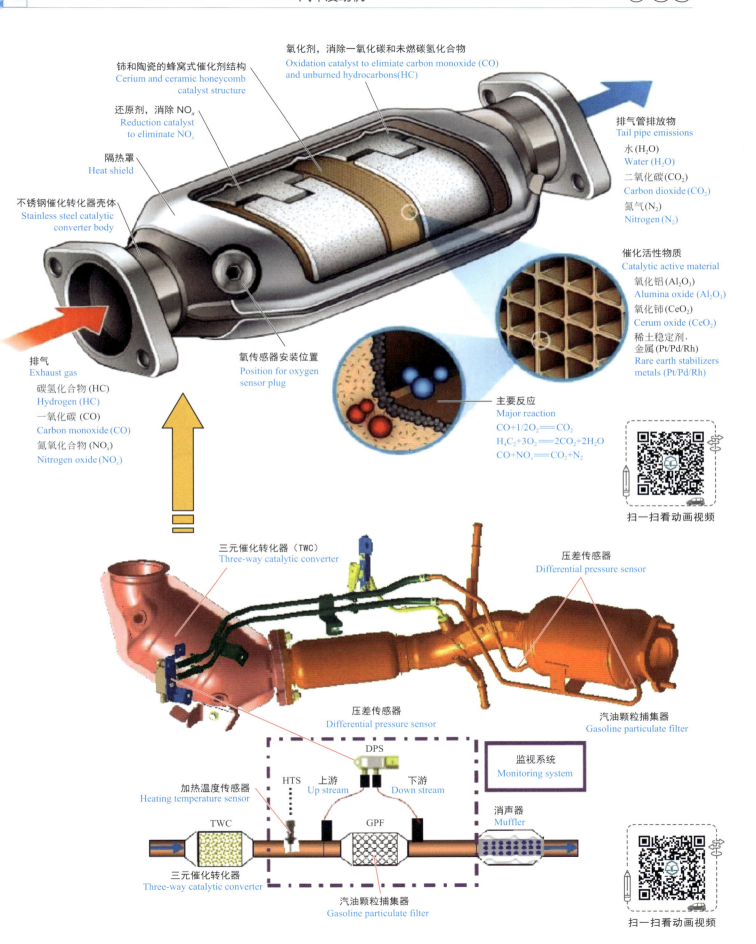

2.21 柴油发动机后处理系统

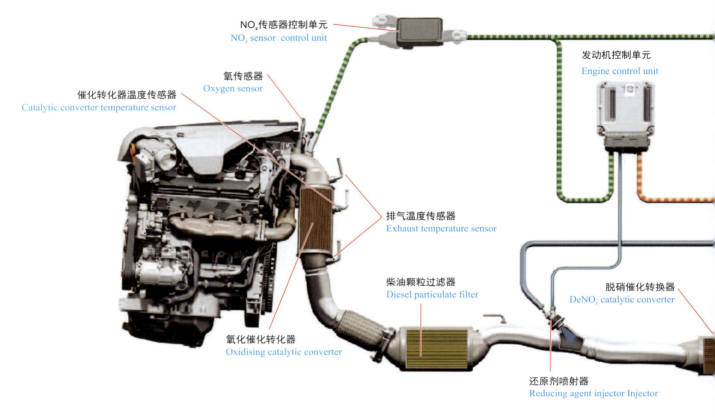

扫一扫看动画视频

　　废气净化模块将氧化式催化转化器和柴油微尘过滤器合成为一个部件，这样方便安装于发动机附近，由此让废气净化模块很快达到其正常工作温度。为了存储废气中的氮氧化物，将氧化式催化转化器设计成了 NO_x 存储式催化转化器。NO_x 存储式催化转化器中 NO_x 的存储和再生控制，由控制单元内的一个计算模型来完成，该计算模型需要使用温度传感器和氧传感器信息。柴油微尘过滤器还作为硫化氢（H_2S）的捕集器使用，硫化氢是在 NO_x 存储式催化转化器脱硫时产生的，因此柴油微尘过滤器涂有金属氧化物涂层。

后处理系统是废气再循环系统的一部分。废气再循环系统由这些部件组成：还原剂箱系统（带有水冷式还原剂喷射阀）、安装在发动机附近的加热式催化转化器、有SCR-涂层的柴油微尘过滤器和捕集式催化转化器（在主消声器前）。涡轮增压器前、后多个温度传感器，氧化式催化转化器，柴油微尘过滤器以及氧传感器和NO_x传感器，都安装在排气系统上。通过传感器来控制废气再处理过程。

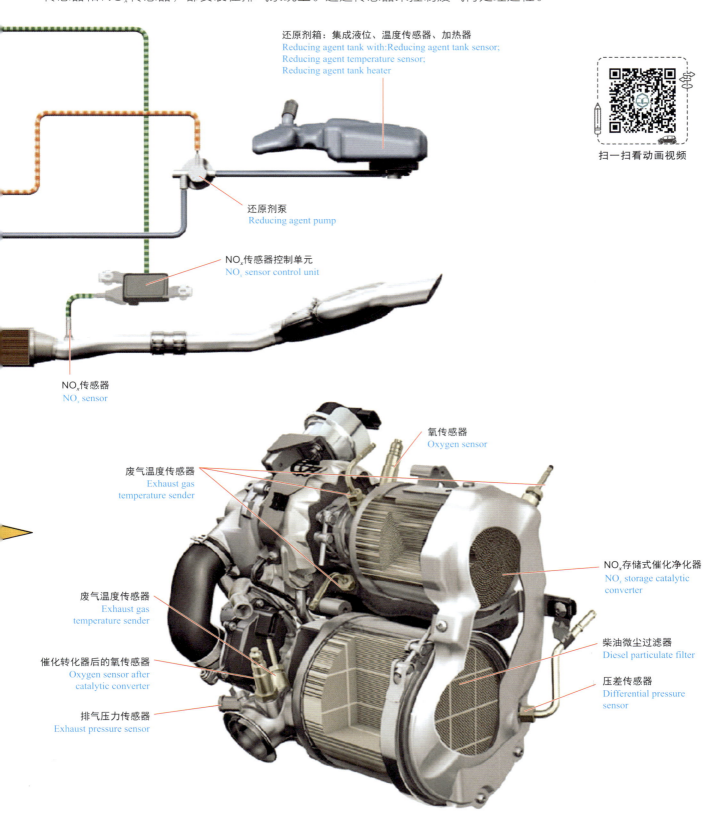

2.22 汽油发动机电控系统

扫一扫看动画视频

传感器 Sensor

- 变速器空挡传感器 Transmission neutral sensor
- 机油压力传感器 Oil pressure sensor
- 爆震传感器 Knock sensor
- 加速踏板位置传感器 Accelerator pedal position sensor
- 离合器位置传感器 Clutch position sensor
- 制动灯开关 Brake light switch
- 机油液位与温度传感器 Oil level and temperature sensor
- 发动机转速传感器 Engine speed sensor
- 增压压力传感器 Booster pressure sensor
- 进气温度传感器 Intake air temperature sensor
- 燃油压力传感器 Fuel pressure sensor
- 霍尔传感器 Hall sensor
- 节气门电位计 Throttle potentiometer
- 冷却液温度传感器 Coolant temperature sensor
- 散热器出口温度传感器 Radiator outlet temperature sensor
- 氧传感器 Oxygen sensor
- 增压压力调节器位置传感器 Booster pressure regulator position sensor

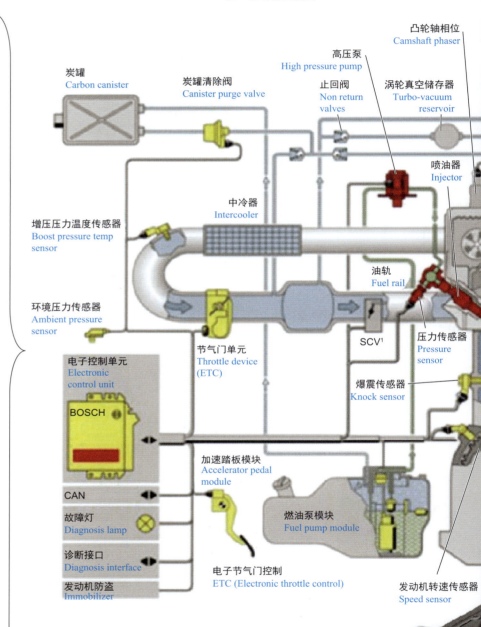

- 炭罐 Carbon canister
- 炭罐清除阀 Canister purge valve
- 高压泵 High pressure pump
- 止回阀 Non return valves
- 凸轮轴相位 Camshaft phaser
- 涡轮真空储存器 Turbo-vacuum reservoir
- 喷油器 Injector
- 中冷器 Intercooler
- 增压压力温度传感器 Boost pressure temp sensor
- 油轨 Fuel rail
- 环境压力传感器 Ambient pressure sensor
- 压力传感器 Pressure sensor
- 爆震传感器 Knock sensor
- 电子控制单元 Electronic control unit (BOSCH)
- 节气门单元 Throttle device (ETC)
- 加速踏板模块 Accelerator pedal module
- CAN
- 故障灯 Diagnosis lamp
- 诊断接口 Diagnosis interface
- 发动机防盗 Immobilizer
- 电子节气门控制 ETC (Electronic throttle control)
- 燃油泵模块 Fuel pump module
- 发动机转速传感器 Speed sensor
- 发动机控制单元 Engine control unit

第 2 章 汽车发动机

发动机电控系统由传感器、控制器与执行器组成。发动机电控系统是一个电子操纵的汽油机控制系统，它提供许多有关操作者和车辆或设备方面的控制特性，系统采用开环和闭环（反馈）控制相结合的方式，为发动机的运行提供各种控制信号。系统的基本功能有：启动控制、暖机和三元催化器的加热控制、加速控制、减速控制、倒拖断油控制、怠速控制、入闭环控制、混合气控制、蒸发排放控制、爆震控制、OBD 诊断控制等。此外，附加功能还有发动机控制防盗功能、启停控制、风扇控制、空调控制、VVT 控制、涡轮增压控制等。

电磁阀
Solenoid valve

点火线圈/火花塞
Ignition coil/spark plug

相位传感器
Phase sensor

泵阀
Dump valve

废气循环调节器
Waste gate actuator

空气流量计
Air mass meter

电磁阀
Solenoid valve

涡轮增压器
Turbo charger

废气门
Waste gate

温度传感器
Temp sensor

排气温度传感器
Exhaust temp sensor

氧传感器
Oxygen senxor

氧传感器
Oxygen sensor

前置催化转换器
Pre catalyst

主催化转换器
Main catalyst

活塞冷却喷嘴控制阀
Piston cooling nozzle control valve

点火线圈
Ignition coil

电子节气门
Electronic throttle

喷油器
Injector

变速器冷却液阀
Transmission coolant valve

增压器循环空气阀
Supercharger circulating air valve

进气歧管翻板阀
Intake manifold flap valve

冷却液循环阀
Coolant circulation valve

凸轮轴调节阀
Camshaft regulating valve

燃油计量阀
Fuel metering valve

机油压力调节阀
Oil pressure regulating valve

活性炭罐电磁阀
Activated carbon tank solenoid valve

发动机温度调节执行器
Engine temperature regulating actuator

氧传感器加热器
Oxygen sensor heater

增压压力调节器
Booster pressure regulator

燃油泵控制器
Fuel pump controller

电子风扇控制器
Electronic fan controller

执行器
Actuator

2.23 柴油发动机电控系统

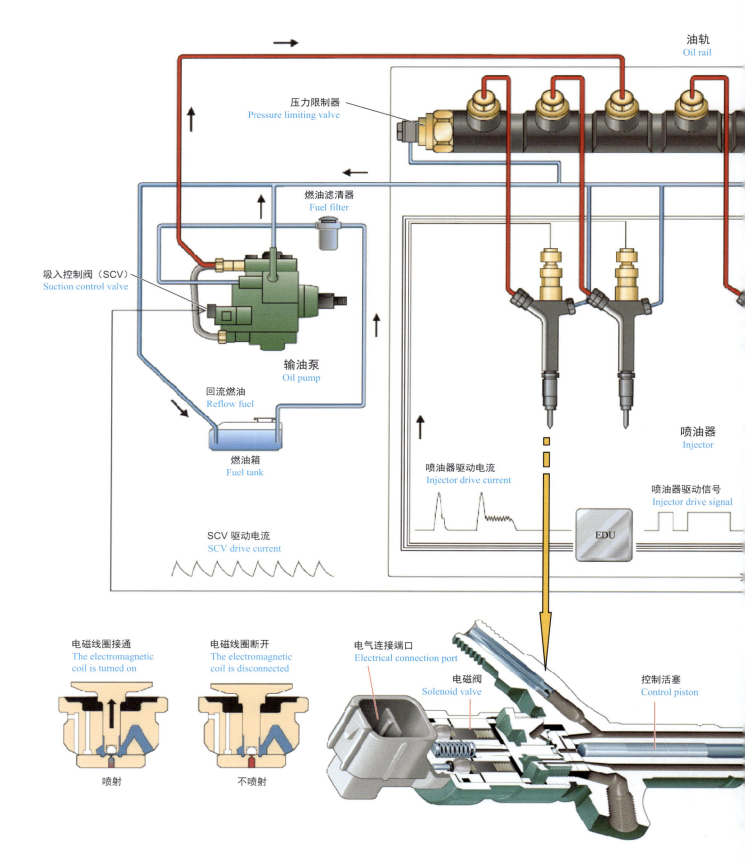

发动机电控系统由传感器、控制器与执行器组成。共轨式电控喷射系统具有公共控制油道（共轨管），高压油泵只是向公共油道供油以保持所需的共轨压力，通过连续调节共轨压力来控制喷射压力，采用压力-时间式燃油计量原理，用电磁阀控制喷射过程。

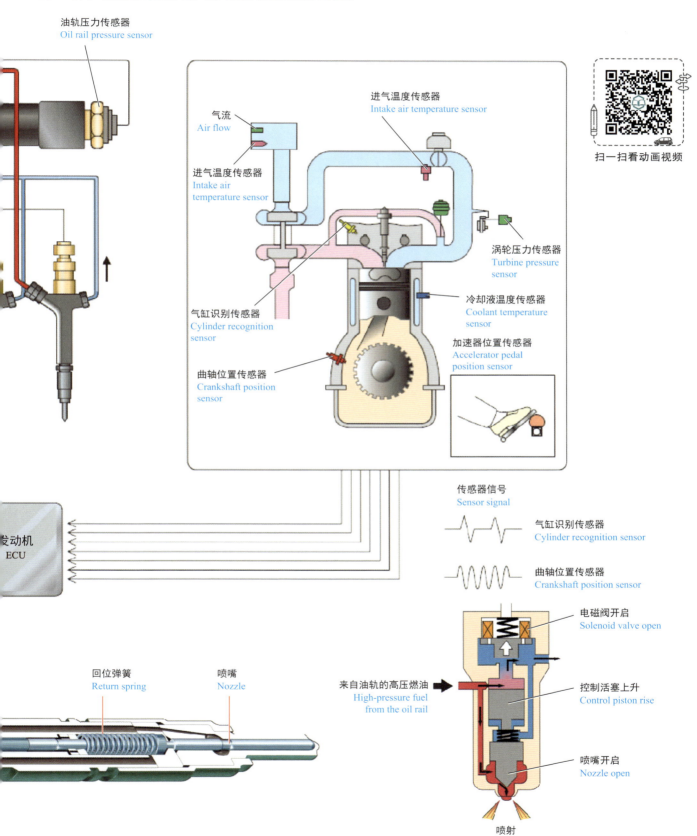

第 3 章
新能源汽车

- 3.1 新能源汽车类型
- 3.2 混合动力汽车类型
- 3.3 混联式混合动力汽车原理
- 3.4 插电式混合动力汽车结构
- 3.5 插电式混合动力汽车原理
- 3.6 增程式电动汽车结构
- 3.7 增程式电动汽车原理
- 3.8 纯电动汽车结构
- 3.9 纯电动汽车原理
- 3.10 氢燃料电池电动汽车构造
- 3.11 氢燃料电池电动汽车原理
- 3.12 动力电池
- 3.13 充配电系统
- 3.14 电驱系统
- 3.15 整车控制系统
- 3.16 热管理系统

3.1 新能源汽车类型

新能源汽车是指采用非常规的车用燃料作为动力来源（或使用常规的车用燃料、采用新型车载动力装置），综合车辆的动力控制和驱动方面的先进技术，形成的技术原理先进，具有新技术、新结构的汽车。主要包括混合动力（混动）汽车、纯电动汽车（包括太阳能汽车）、燃料电池电动汽车、氢能源动力汽车、其他新能源（如高效储能器、二甲醚）汽车各类型产品。

混合动力驱动
Hybrid drive

汽油/柴油
Gasoline/diesel

轻度混动（MHEV）
Mild hybrid electric vehicle

系统具有发动机启停、智能启停、智能航行、智能充电、智能制动能量回收等功能，轻度混合动力不能独立工作，需要燃油发动机辅助，而且动力电池容量比较小。

中度混动（HEV）
Hybrid electric vehicle

系统使用高压电池。此外，还增加了一项功能：当车辆处于加速或重载状态时，电机可以辅助驱动车轮，从而补充发动机本身的动力输出，从而更好地提升整车的性能。

完全混动（FHEV）
Fully hybrid electric vehicle

系统采用 272～650V 的高压启动电机，混合程度更高。与中度混动系统相比，该系统匹配更大容量的动力电池，可以进行一定里程的纯电动行驶。

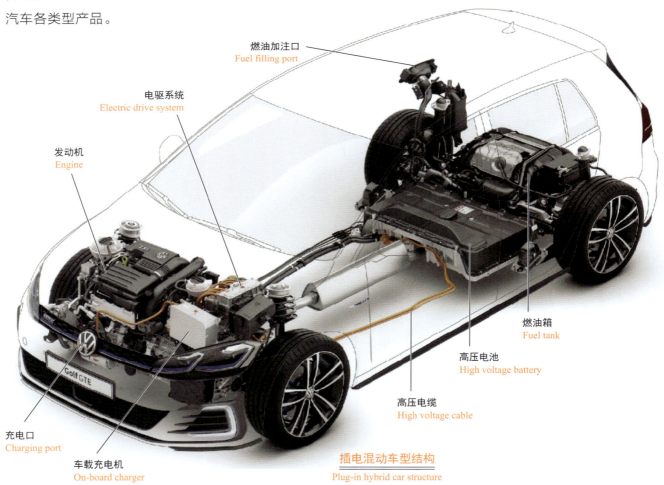

插电混动车型结构
Plug-in hybrid car structure

第 3 章
新能源汽车

电力驱动
Electric drive

车辆内部发电
Internal power generation of the vehicle

燃料电池汽车（FCEV）
Fuel cell electric vehicle

氢燃料电池指的是氢通过与氧的化学反应而产生电能的装置，燃料反应堆产生的电能既可以直接提供给电机驱动车辆，也可以存储在动力电池中备用。

插电混动（PHEV）
Plug-in hybrid electric vehicle

动力电池容量比较大，有外接充电接口；综合了纯电动汽车（BEV）和混合动力汽车（HEV）的优点，既可实现纯电动、零排放行驶，也能通过混动模式增加车辆的续驶里程。

增程混动（REEV）
Range extend electric vehicle

属于串联式混合动力，发动机以及发电机组成的辅助发电装置一般称为"增程系统"，发动机叫"增程器"，同时也可以外接充电装置补充电能。

纯电动汽车（BEV）
Battery electric vehicle

完全由可充电电池（如铅酸电池、镍氢电池或锂离子电池）提供动力源的汽车。一般采用外接充电装置或快换电池的方式进行补能。有交流充电(慢充)和直流充电(快充)两种充电方式。

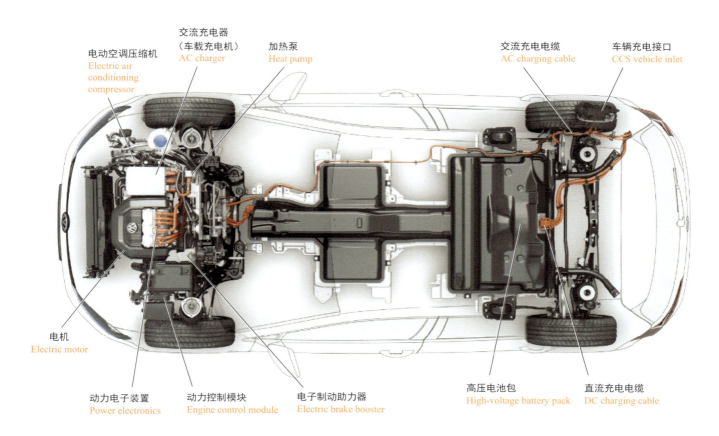

- 电动空调压缩机 Electric air conditioning compressor
- 交流充电器（车载充电机）AC charger
- 加热泵 Heat pump
- 交流充电电缆 AC charging cable
- 车辆充电接口 CCS vehicle inlet
- 电机 Electric motor
- 动力电子装置 Power electronics
- 动力控制模块 Engine control module
- 电子制动助力器 Electric brake booster
- 高压电池包 High-voltage battery pack
- 直流充电电缆 DC charging cable

纯电动汽车结构
Pure electric vehicle structure

3.2 混合动力汽车类型

混合动力汽车一般指同时使用内燃机与电动机作为动力装置的车辆。按发动机与电驱系统的连接方式可以分为串联、并联、混联等形式，按电驱系统的介入强度可以分为轻混、中混与全混车型。油电混动指发动机为主且不能外接充电的混动形式，插电混动一般在油电混动（一般为混联式完全混动）上加装了插入式充电装置，纯电动行驶里程更长。增程式电动汽车的发动机，在动力系统中的主要作用为将热能转换为电能输出给电动机并给动力电池充电，属于可插电的串联式混动方式。

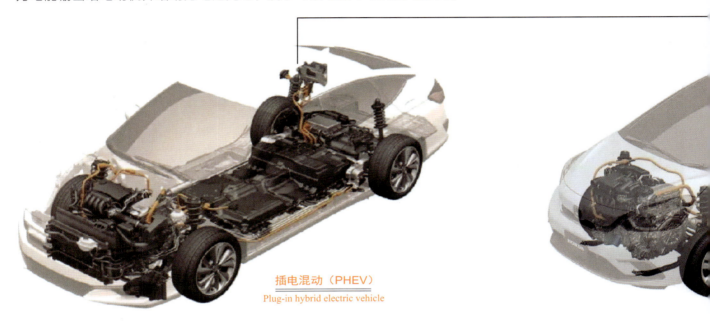

插电混动（PHEV）
Plug-in hybrid electric vehicle

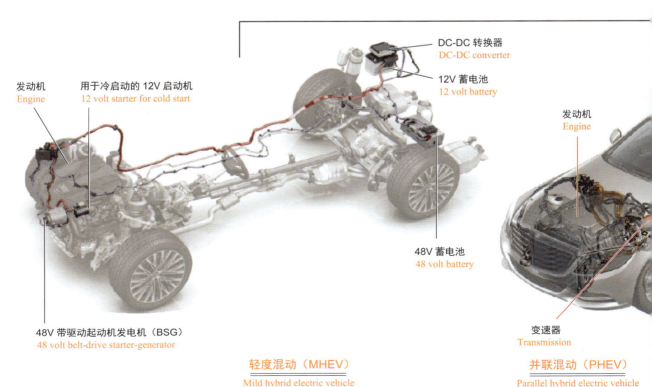

发动机 Engine
用于冷启动的 12V 启动机 12 volt starter for cold start
DC-DC 转换器 DC-DC converter
12V 蓄电池 12 volt battery
48V 蓄电池 48 volt battery
48V 带驱动起动机发电机（BSG） 48 volt belt-drive starter-generator
发动机 Engine
变速器 Transmission

轻度混动（MHEV）
Mild hybrid electric vehicle

并联混动（PHEV）
Parallel hybrid electric vehicle

第 3 章
新能源汽车

Hybrid 这个词来源于拉丁语 hybrida，意思是杂交或者混合的意思。在技术层面，Hybrid 这个词指一种系统，该系统将两种不同的技术组合在一起使用

油电混动（HEV）
Hybrid electric vehicle

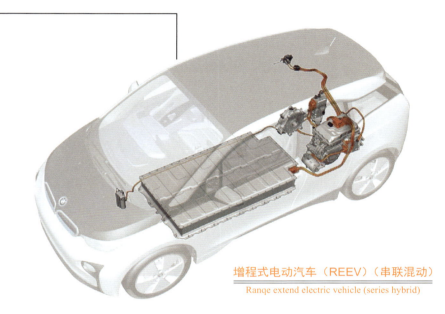

增程式电动汽车（REEV）（串联混动）
Ranqe extend electric vehicle (series hybrid)

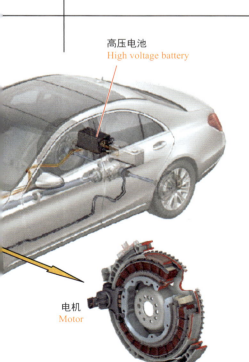

高压电池
High voltage battery

电机
Motor

高压电池
High voltage battery

发动机
Engine

MG2 电动机
MG2 motor

MG1 发电机
MG1 generator

完全混动（FHEV）
Full hybrid electric vehicle

3.3 混联式混合动力汽车原理

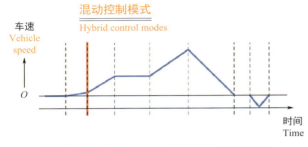

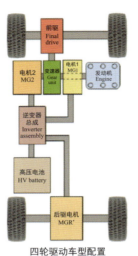

四轮驱动车型配置
*If equipped with 4WD

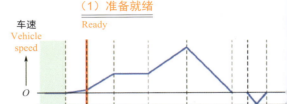

在就绪状态，点火开关打开，就绪指示灯点亮。车辆准备好驾驶。MG1、MG2和MGR（如果配备）停止。如果需要为电池充电，发动机可以随时启动。

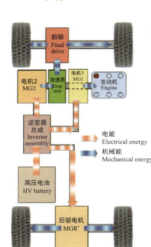

当要求增加驱动扭矩时，发动机启动。MG1作为启动电机来启动发动机。

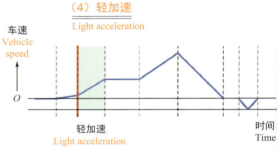

在轻加速下，通过MG2和发动机驱动车辆。MGR（如果配备）不启用，这样可以提高燃油经济性。

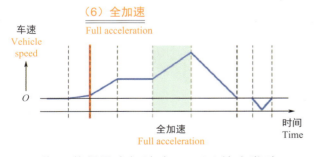

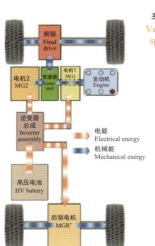

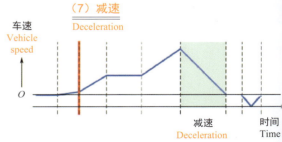

为了获得最大加速度，MG2补充发动机的电驱动功率扭矩。MGR（如果配备）提供额外的动力。高压电池为驱动MG2和MGR（如果配备）提供电能。

一旦加速踏板被驾驶员释放，MG2被车轮驱动并产生电力以给高压电池充电。这个过程被称为再生制动。如果配备MGR，那么MGR也由车辆车轮驱动，使其作为发电机运行并对高压电池充电。

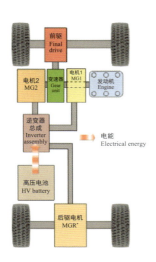

（2）开始启动 Starting out

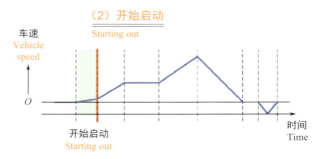

当开始启动时，MG2和MGR（如果装备）驱动车辆。此时，车辆行驶不需要用到发动机。

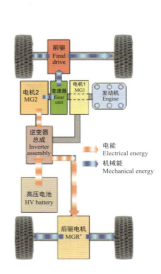

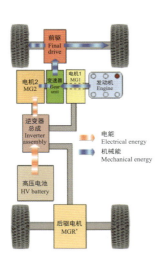

（5）恒速巡航 Constant speed cruise

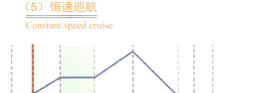

在恒速巡航期间，发动机和MG2驱动车辆。同时发动机用于驱动MG1，使其作为发电机。MG1的输出可以为MG2供电或根据需要为电池充电。

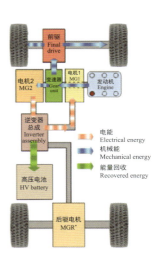

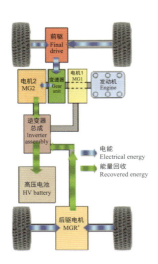

（8）倒车 Reverse

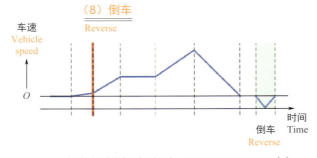

当车辆倒向移动时，MG2和MGR（如果配备）为电动机并反向转动。发动机保持关闭，除非需要给电池充电。

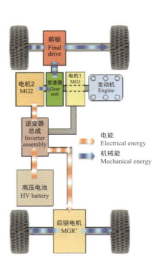

3.4 插电式混合动力汽车结构

插电式混合动力汽车（Plug-in hybrid electric vehicle，PHEV）简称插电混动汽车，它综合了纯电动汽车（BEV）和混合动力汽车（HEV）的优点，既可实现纯电动、零排放行驶，也能通过混动模式增加车辆的续驶里程。它既有传统汽车的发动机、变速器、传动系统、油路、油箱，也有纯电动汽车的电池、电动机、控制电路，而且电池容量比较大，有充电接口；既可以通过发动机进行充电，也可以通过车载充电机连接市电供电系统为其充电。

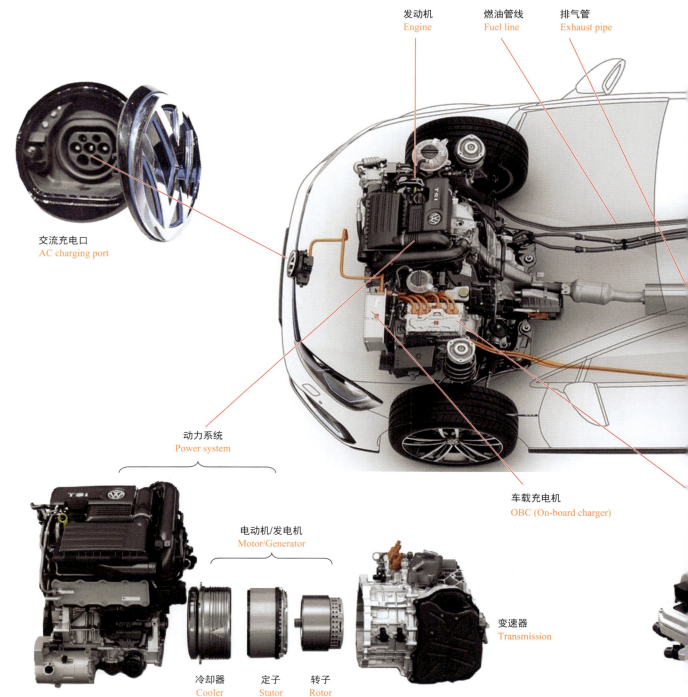

第 3 章
新能源汽车

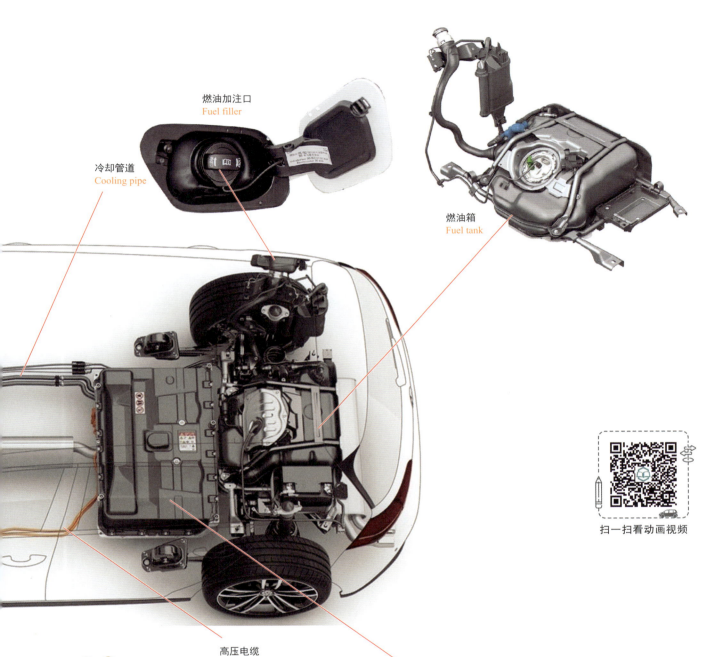

燃油加注口 Fuel filler

冷却管道 Cooling pipe

燃油箱 Fuel tank

高压电缆 High voltage cable

电力电子装置（PEU） Power electronics unit

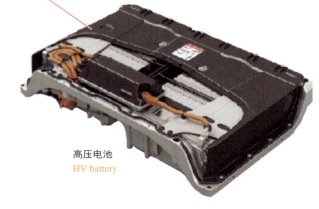

高压电池 HV battery

扫一扫看动画视频

3.5 插电式混合动力汽车原理

发动机停用,车辆由电机1驱动。高压电池通过动力电子单元1提供电能给电机。

(1) 电力驱动
Electric drive

在这种工作模式下由发动机与电机1驱动车辆,同时,额外的能量用于给高压电池充电。

如果高压电池完全失电,则不再允许电动驾驶。在这种情况下,车辆使用发动机驱动,同时使用电机2产生的额外能量对高压电池充电。

(4) 发动机驱动
Engine drive

(5) 混联驱动
Hybrid drive

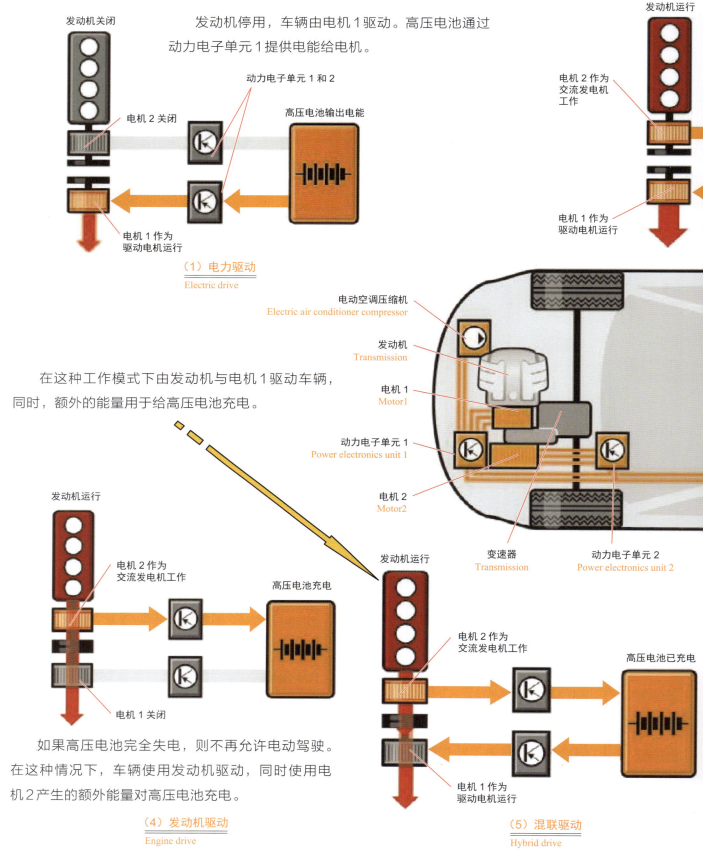

电动空调压缩机
Electric air conditioner compressor

发动机
Transmission

电机1
Motor1

动力电子单元1
Power electronics unit 1

电机2
Motor2

变速器
Transmission

动力电子单元2
Power electronics unit 2

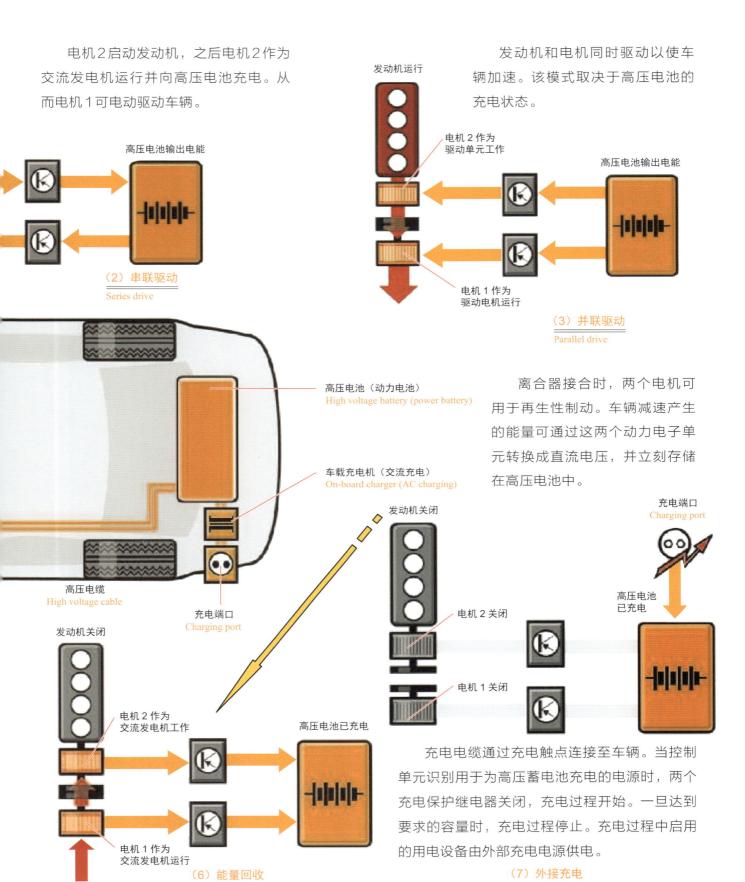

3.6 增程式电动汽车结构

增程式电动汽车（REEV）实际上就属于串联式混合动力汽车（SHEV），这种车辆的驱动力只来源于电动机。结构特点是发动机带动发电机发电，电能通过电机控制器输送给电动机，由电动机驱动汽车行驶。另外，动力电池也可以单独向电动机提供电能驱动汽车行驶。

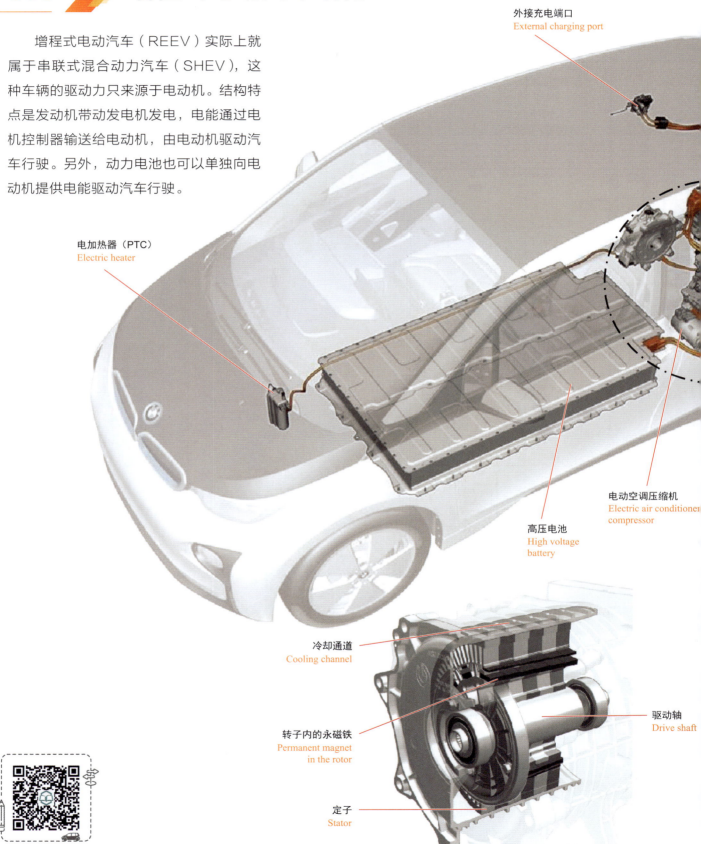

外接充电端口 External charging port

电加热器（PTC）Electric heater

电动空调压缩机 Electric air conditioner compressor

高压电池 High voltage battery

冷却通道 Cooling channel

驱动轴 Drive shaft

转子内的永磁铁 Permanent magnet in the rotor

定子 Stator

扫一扫看动画视频

第 3 章
新能源汽车

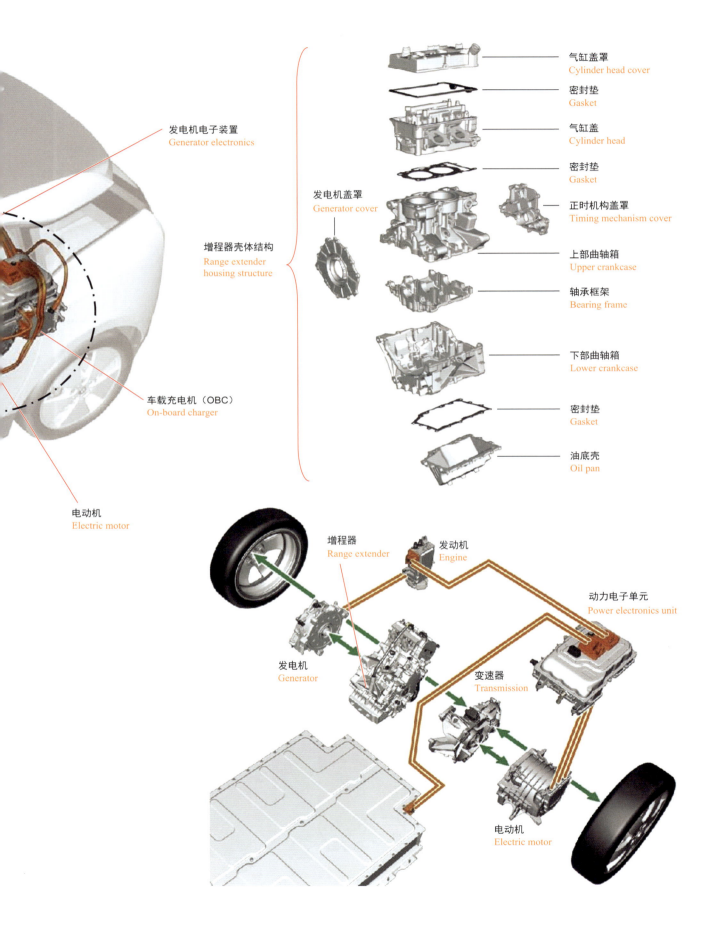

3.7 增程式电动汽车原理

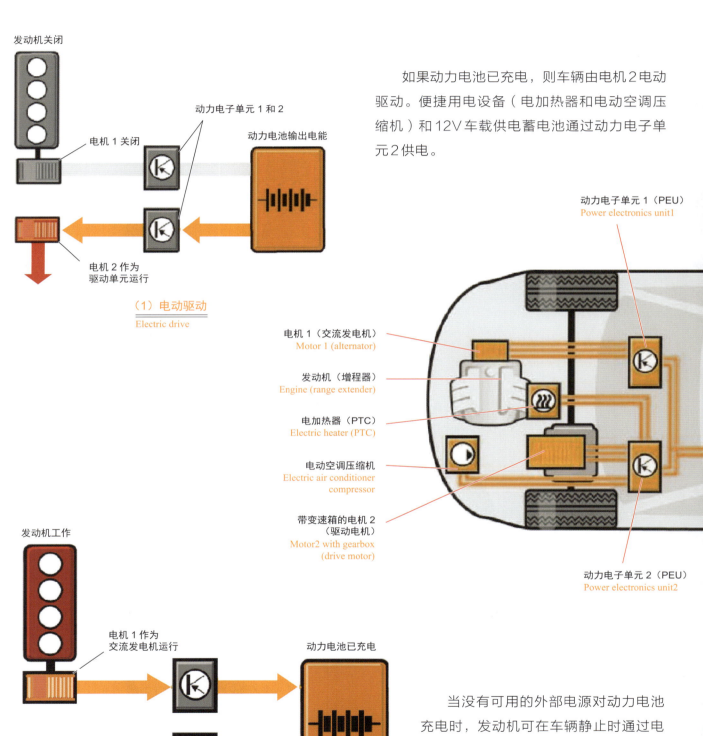

如果动力电池已充电，则车辆由电机2电动驱动。便捷用电设备（电加热器和电动空调压缩机）和12V车载供电蓄电池通过动力电子单元2供电。

（1）电动驱动
Electric drive

当没有可用的外部电源对动力电池充电时，发动机可在车辆静止时通过电机1对动力电池充电。

（3）车辆充电（静止状态）
Vehicle charging (stationary state)

动力电池缺电时，发动机启用，以继续行驶。它驱动电机1作为交流发电机工作，从而为动力电池充电。电机2是推进车辆的唯一动力，也是再生性制动的唯一方式。

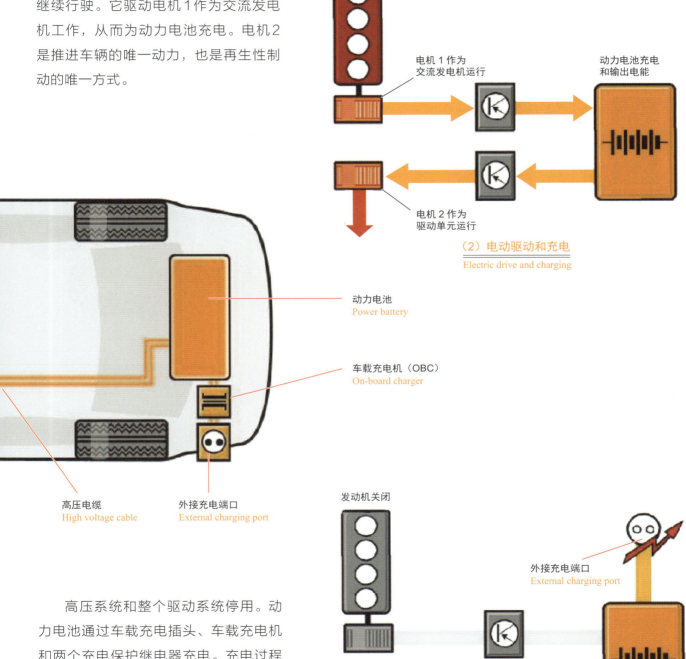

(2) 电动驱动和充电
Electric drive and charging

动力电池
Power battery

车载充电机（OBC）
On-board charger

高压电缆
High voltage cable

外接充电端口
External charging port

高压系统和整个驱动系统停用。动力电池通过车载充电插头、车载充电机和两个充电保护继电器充电。充电过程由系统自动监控和停止。

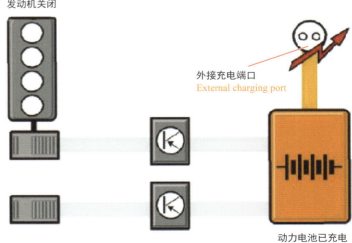

(4) 外接充电
External charging

3.8 纯电动汽车结构

纯电动汽车（BEV）是完全由可充电电池（如铅酸电池、镍氢电池或锂离子电池）提供动力源的汽车。

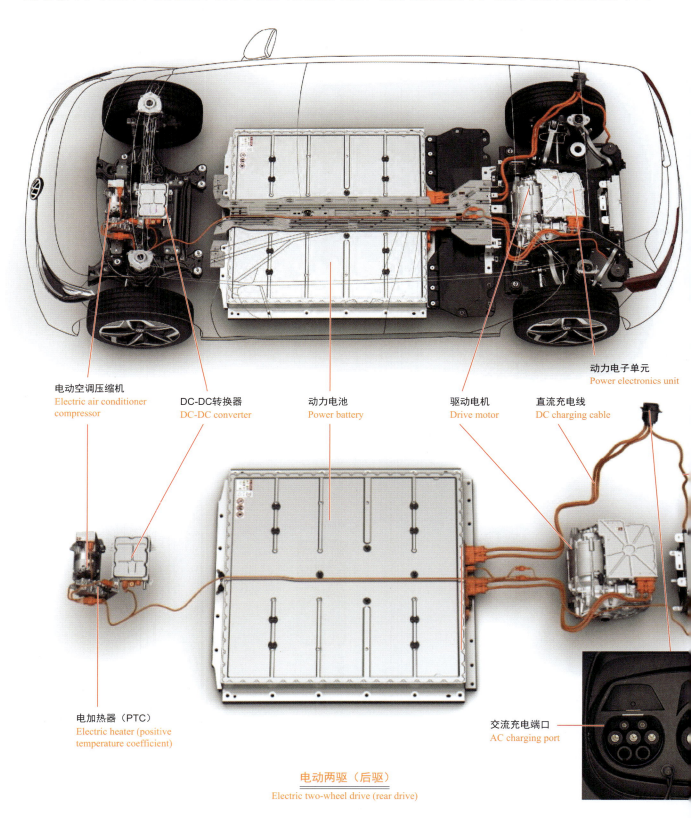

电动空调压缩机
Electric air conditioner compressor

DC-DC转换器
DC-DC converter

动力电池
Power battery

驱动电机
Drive motor

直流充电线
DC charging cable

动力电子单元
Power electronics unit

电加热器（PTC）
Electric heater (positive temperature coefficient)

交流充电端口
AC charging port

电动两驱（后驱）
Electric two-wheel drive (rear drive)

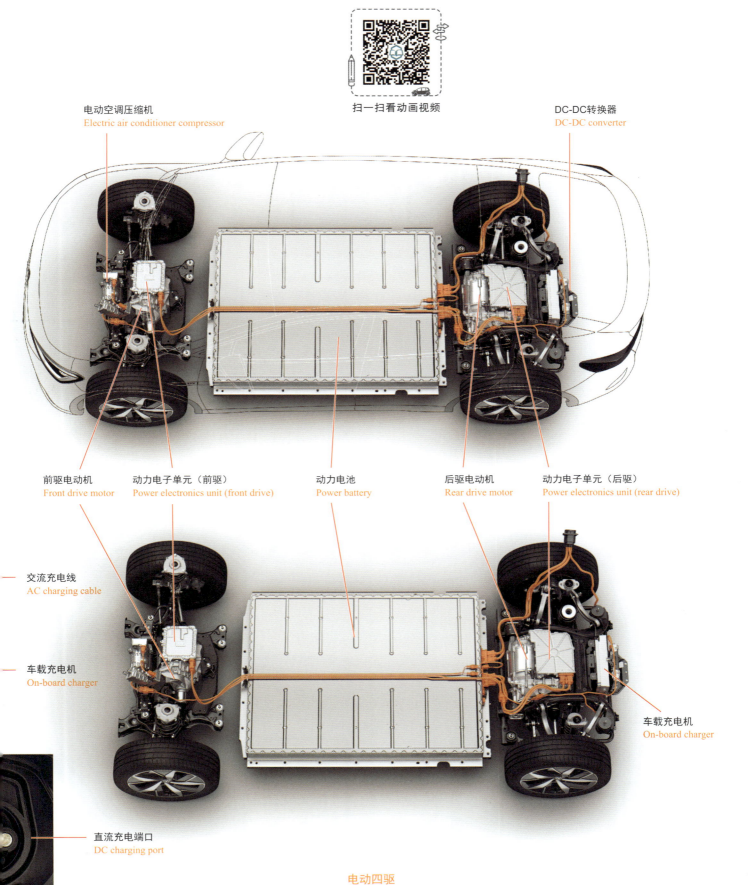

电动四驱
Electric four-wheel drive

3.9 纯电动汽车原理

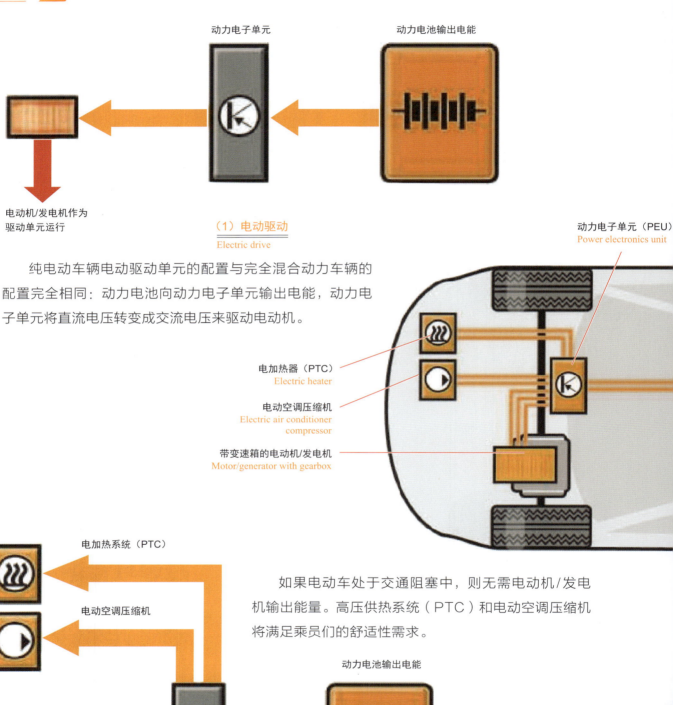

(1) 电动驱动
Electric drive

纯电动车辆电动驱动单元的配置与完全混合动力车辆的配置完全相同：动力电池向动力电子单元输出电能，动力电子单元将直流电压转变成交流电压来驱动电动机。

动力电子单元（PEU）
Power electronics unit

电加热器（PTC）
Electric heater

电动空调压缩机
Electric air conditioner compressor

带变速箱的电动机/发电机
Motor/generator with gearbox

如果电动车处于交通阻塞中，则无需电动机/发电机输出能量。高压供热系统（PTC）和电动空调压缩机将满足乘员们的舒适性需求。

(3) 温度管理（车辆静止时）
Temperature management

如果电动车"滑行"(车辆在没有来自电动机的驱动扭矩下移动),部分热能通过用作交流发电机的电动机转化成电能并对动力电池充电。

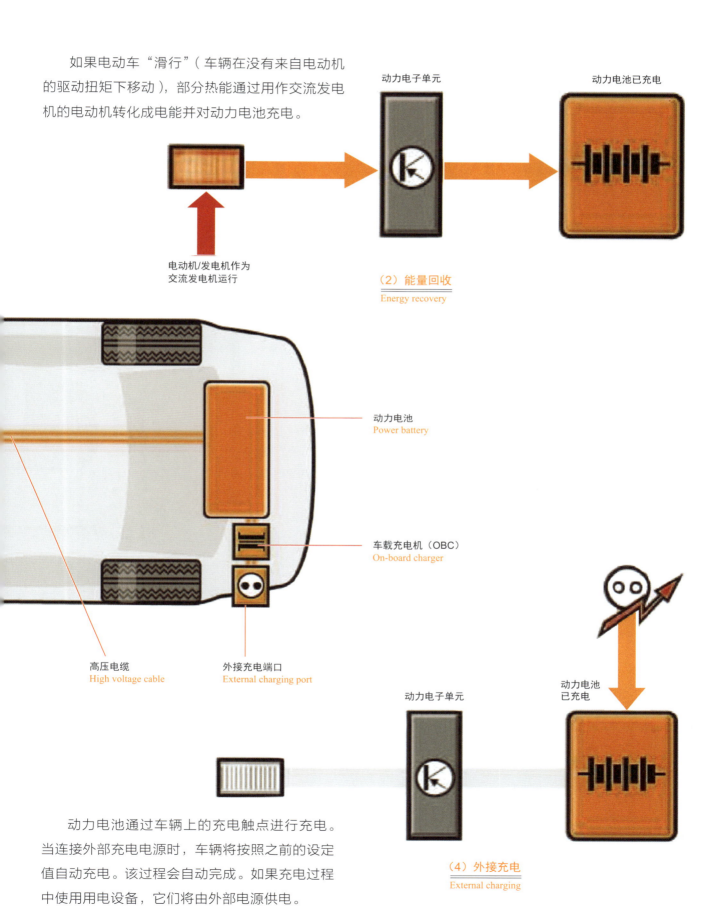

动力电池通过车辆上的充电触点进行充电。当连接外部充电电源时,车辆将按照之前的设定值自动充电。该过程会自动完成。如果充电过程中使用用电设备,它们将由外部电源供电。

3.10 氢燃料电池电动汽车构造

扫一扫看动画视频

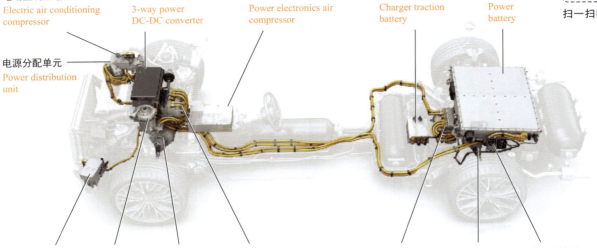

- 电动空调压缩机 Electric air conditioning compressor
- 三相电DC-DC转换器 3-way power DC-DC converter
- 电力电子空气压缩机 Power electronics air compressor
- 充电机动力电池 Charger traction battery
- 动力电池 Power battery
- 电源分配单元 Power distribution unit
- 氢循环鼓风机 Hydrogen recirculation blower
- 空气压缩机 Air compressor
- 前桥电机 Electric motor front axle
- 前电机电力电子单元 Power electronics front electric motor
- 后电机电力电子单元 Power electronics rear electric motor
- 后桥电机 Electric motor rear axle
- 充电连接器 Charging connector

电源系统
Power supply system

燃料电池电动汽车是电动汽车的一种，在车身、动力传动系统、控制系统等方面，与普通电动汽车基本相同。纯燃料电池电动汽车只有燃料电池一个动力源，汽车的所有功率负荷都由燃料电池承担。燃料电池电动汽车多采用混合驱动形式，即在燃料电池的基础上，增加了一组动力电池（一般为镍氢电池或锂电池）作为另一个动力源。这样，燃料电池富余的电能可以存储到动力电池中，也可以通过外接电源给动力电池充电。

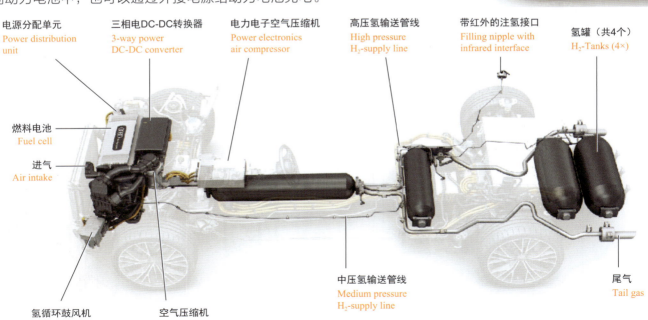

- 电源分配单元 Power distribution unit
- 三相电DC-DC转换器 3-way power DC-DC converter
- 电力电子空气压缩机 Power electronics air compressor
- 高压氢输送管线 High pressure H_2-supply line
- 带红外的注氢接口 Filling nipple with infrared interface
- 氢罐（共4个）H_2-Tanks (4×)
- 燃料电池 Fuel cell
- 进气 Air intake
- 氢循环鼓风机 Hydrogen recirculation blower
- 空气压缩机 Air compressor
- 中压氢输送管线 Medium pressure H_2-supply line
- 尾气 Tail gas

氢能系统
Hydrogen energy system

第 3 章
新能源汽车

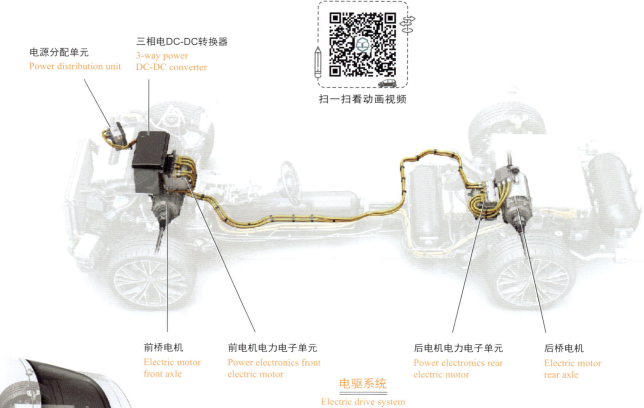

电驱系统
Electric drive system

燃料电池电动汽车主要由以下总成及部件组成：燃料电池发动机，主要由燃料电池堆、进气系统、排水系统、供氢系统、冷却系统、电堆控制单元和监控系统组成；动力电池组，作为辅助动力源；电流变换器（逆变器），交直流变换；电压转换器，作DC-DC直流电压转换使用；电驱总成，传递动力，驱动车辆；氢气系统，提供氢气给燃料电池发动机；电力电子控制单元，电驱控制及故障诊断。

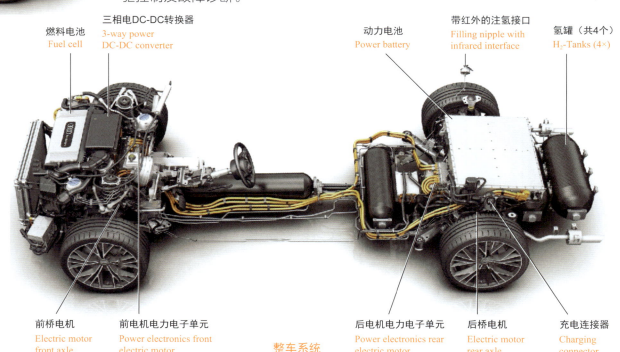

整车系统
Vehicle system

3.11 氢燃料电池电动汽车原理

如果动力电池已充电,则可电动驾驶车辆。在这种情况下,燃料电池不再供给任何能量,而且不再消耗任何氢气。

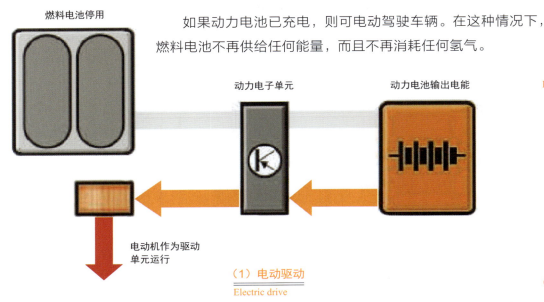

(1) 电动驱动
Electric drive

氢气 Hydrogen
阳极(电子过剩) Anode (excess of electrons)
气体扩散电极 Gas diffusion electrode

电加热器(PTC) Electric heater
电动空调压缩机 Electric air conditioner compressor
带变速箱的电动机/发电机 Motor/generator with gearbox
动力电子单元(PEU) Power electronics unit
燃料电池 Full cell

电动机专门用于再生性制动。在超限运转阶段,电动机用作交流发电机。它通过动力电子单元为动力电池充电。

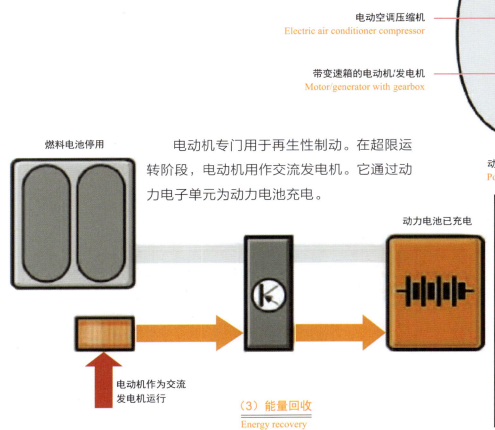

(3) 能量回收
Energy recovery

燃料电池本质是水电解的"逆"装置,主要由三部分组成,即阳极、阴极、电解质。其阳极为氢电极,阴极为氧电极。通常,阳极和阴极上都含有一定量的催化剂用来加速电极上发生的电化学反应。氢气通过管道或导气板到达阳极,在阳极催化剂的作用下,1个氢分子解离为2个氢质子,并释放出2个电子。在电池的另一端,氧气(或空气)通过管道或导气板到达阴极,在阴极催化剂的作用下,氧分子和氢离子与通过外电路到达阴极的电子发生反应生成水,电子在外电路形成直流电。因此,只要源源不断地向燃料电池阳极和阴极供给氢气和氧气,就可以向外电路的负载连续地输出电能。

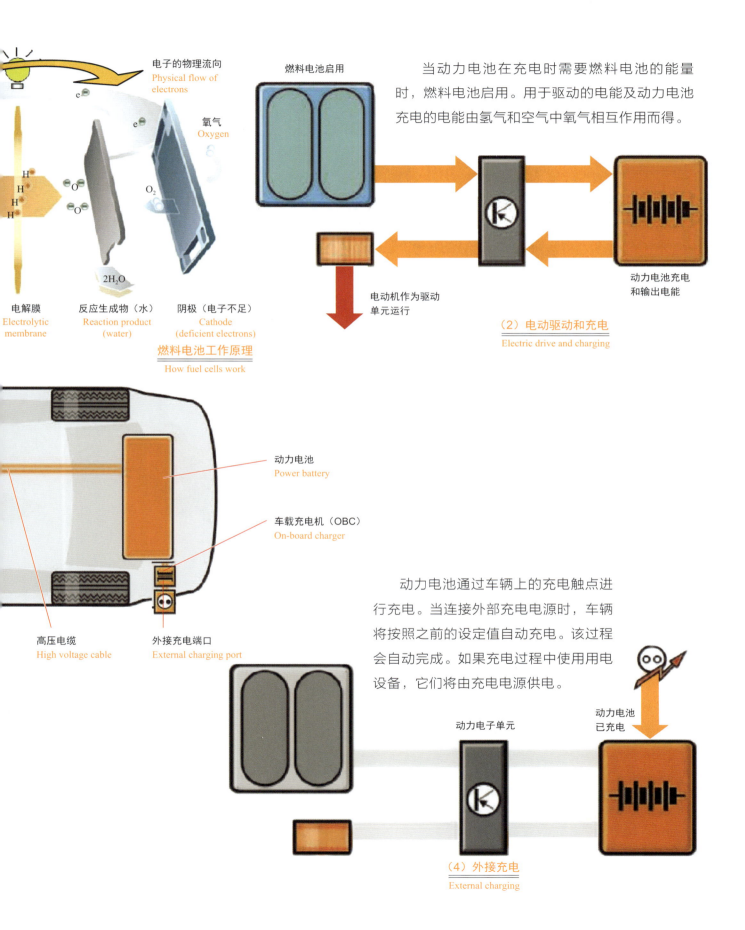

3.12 动力电池

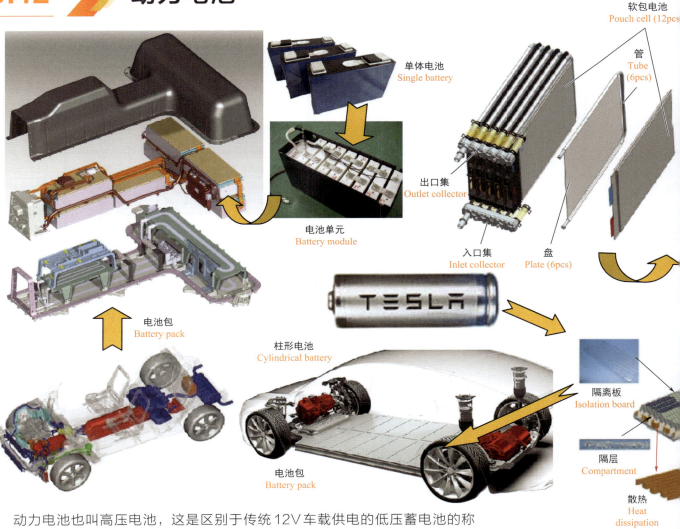

动力电池也叫高压电池，这是区别于传统12V车载供电的低压蓄电池的称呼。高压电池的电芯目前选用三元锂电池的为多，其次为铁锂电池、镍氢电池、氢燃料电池等。高压电池单体的封装形式常见有圆柱体、方形金属壳（硬包）、方形铝塑（软包）等，高压电池包一般安装于汽车的底部，呈方块形或T形布置。

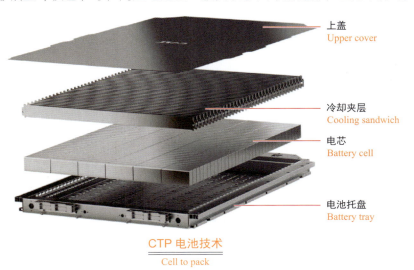

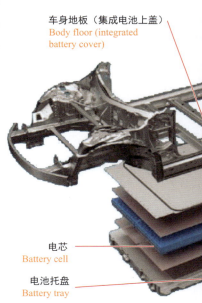

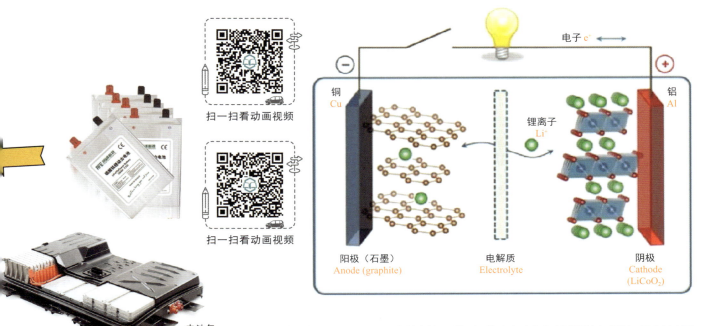

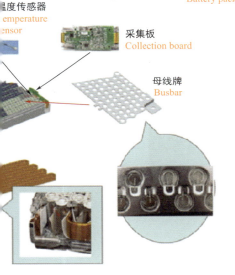

充电时锂离子从正极材料的晶格中脱出经过电解质嵌入到负极材料层中；放电时锂离子从负极材料晶格中脱出，经过电解质嵌入到正极材料中。而电子则通过外电路，形成电流。

充电时：$LiYO_2 \longrightarrow Li_{1-x}YO_2 + xLi^+ + xe^-$（正极/阳极）

$C_6 + xLi^+ + xe^- \longrightarrow Li_xC_6$（负极/阴极）

放电时：$Li_{1-x}YO_2 + xLi^+ + xe^- \longrightarrow LiYO_2$（正极/阴极）

$Li_xC_6 \longrightarrow C_6 + xLi^+ + xe^-$（负极/阳极）

说明：Y为过渡金属，在钴酸锂电池（$LiCoO_2$）中Y为钴（Co），在锰酸锂电池（$LiMn_2O_4$）中就是锰（Mn），对于三元锂电池就是镍钴锰酸锂（$LiNiCoMnO_2$）中的NiCoMn（简称NCM）或镍钴铝酸锂（$LiNiCoAlO_2$）中的NiCoAl（简称NCA），对于磷酸铁锂（$LiFePO_4$）电池就是$FePO_4$。

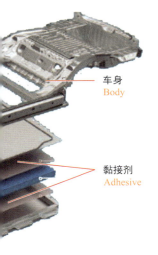

CTB 电池技术
Cell To body

CTC 电池技术
Cell to chassis

3.13 充配电系统

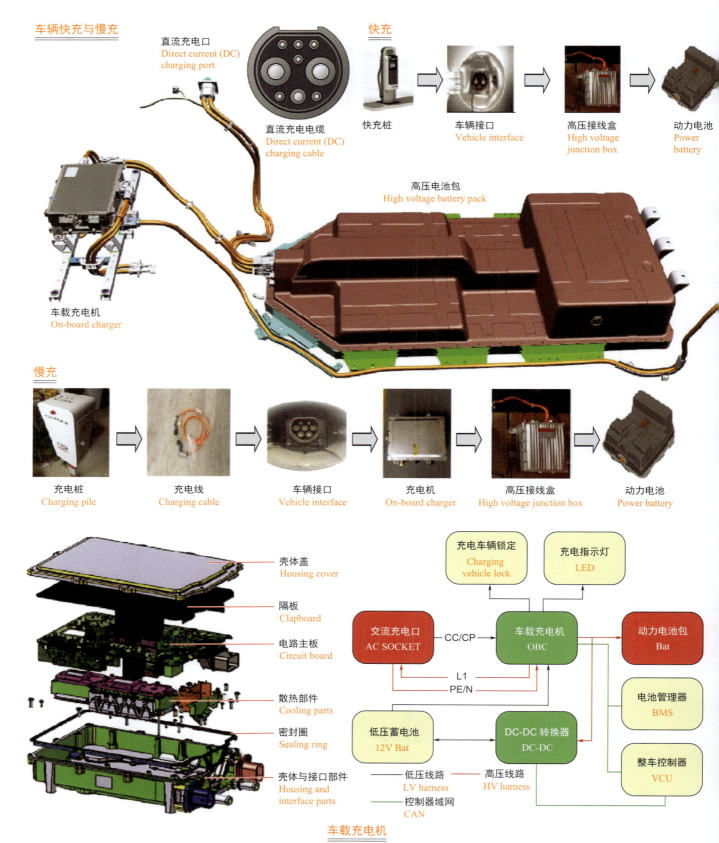

扫一扫看动画视频

电动汽车的充电系统一般有交流和直流两种充电方式。交流充电也叫慢充,交流充电主要是通过交流充电桩、壁挂式充电盒以及家用供电插座接入交流充电口,通过高压电控总成将交流电转为直流高压电给动力电池充电。直流充电也叫快充,公共场所和高速服务区等地安装的充电桩一般是这种类型。直流充电主要是通过充电站的充电柜将直流高压电直接通过直流充电口给动力电池充电。

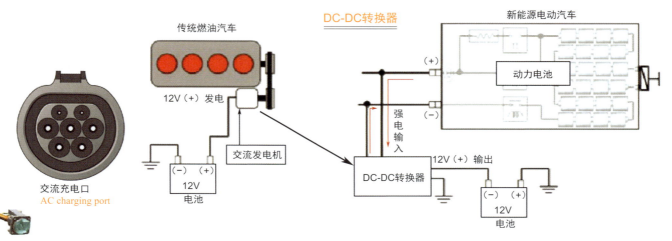

DC-DC转换器的作用是将动力电池的高压直流电源降为12V低压直流电源,其作用有两个:一是电池电压在使用过程中不断下降,用电器得到的电压是一个变化值,而通过DC-DC转换器后用电器可以得到稳定的电压;二是给辅助(低压)蓄电池补充电能。

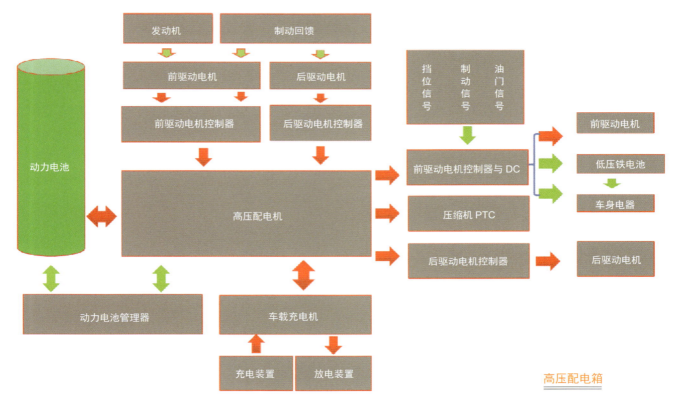

高压配电箱

高压配电箱总成的主要功能是通过对接触器的控制将高压电池的高压直流电供给整车高压电器,以及接收车载充电机或非车载充电机的直流电来给高压电池充电,同时还含有其他辅助检测功能,如电流检测、漏电监测等。

3.14 电驱系统

电动机/发电机由转子、定子组成，受电机控制器的驱动，其所需能量来自高压电池。

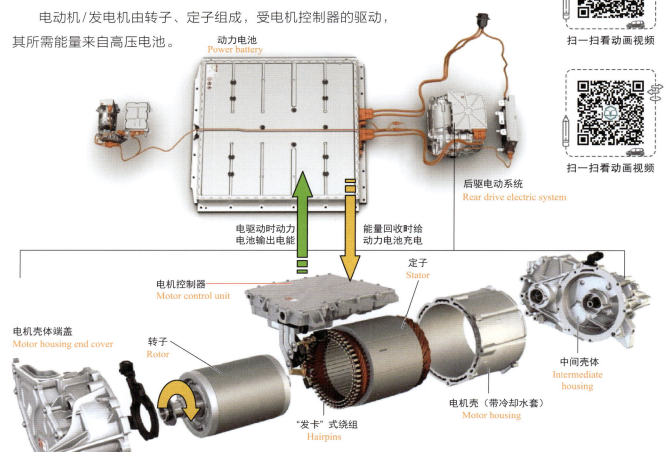

永磁同步电机（PMSM）的永磁铁被镶入转子中，旋转磁场和定子线圈共同作用产生扭矩；电机旋转变压器被同轴安装在电机上，用来检测转子旋转的角度。同步电机的叶轮/转子转速与旋转磁场转速相同。转子转速仅由极对数量和频率决定（滑差=0）。"异步"一词指的是旋转磁场转速和转子转速之间的差异。这两个转速彼此异步。电机轴上的机械负载越大，转速差（以"%"表示的滑差）以及电机线圈消耗的功率就越大。若无此转速差，异步电机不会产生任何扭矩。

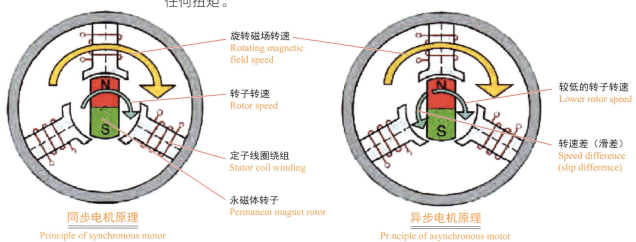

电机控制器（Power control unit，PCU）是一个将电池的直流电转换为交流电，并驱动电机的设备。由于在交流转换成直流的过程中，交流频率和电压可以改变，控制参数可以有很高的自由度。在减速阶段，电机作为发电机应用。它可以将车轮旋转的动能转换为电能，给电池充电。

扫一扫看动画视频

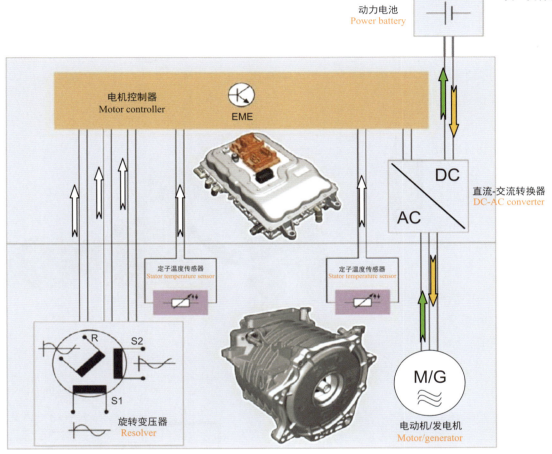

轮毂电机结构
In-wheel motor structure

3.15 整车控制系统

电池管理系统（BMS）
Battery management system

电力电子单元（Power electronic unit，PEU），也称为动力控制单元、功率电子装置，随着日趋集成化，也称为N（N>2）合一电控总成。常被集成的其他系统有MCU（电机控制单元）、DC-DC（直流转换器）、OBC（车载充电机）、PDU（高压配电箱）、BMS（电池管理系统）、VCU（整车控制器）、PTC（车载加热器）等。多合一集成后的电机控制包括：为集成控制器各个支路提供配电，如熔断器、TM接触器、电除霜回路、电动转向回路、电动空调回路等；为控制电路提供电源（如VCU），为驱动电路提供隔离电源；接收控制信号，驱动IGBT（绝缘栅双极型晶体管）并反馈状态，提供隔离及保护；接收VCU控制指令，并做出反馈，检测电机系统转速、温度等传感器信息，通过指令传输电机控制信号；为电机控制器提供散热，保障控制器安全。动力电子单元连接在前桥和后桥低温冷却循环管路上。这样能对动力电子单元内部的各部件起到良好的冷却作用。

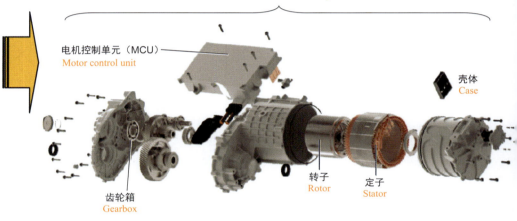

三合一电驱总成
3-in-1 electric drive assembly

电机控制单元（MCU）
Motor control unit

壳体
Case

齿轮箱
Gearbox

转子
Rotor

定子
Stator

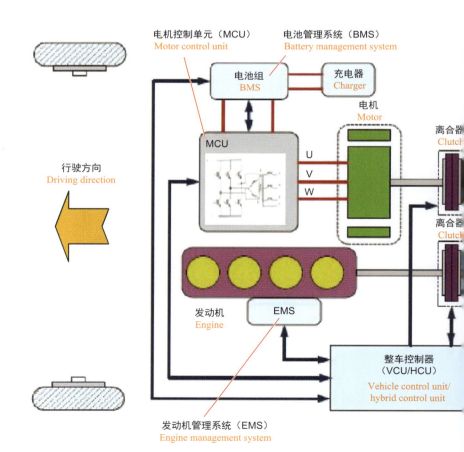

行驶方向
Driving direction

电机控制单元（MCU）
Motor control unit

电池管理系统（BMS）
Battery management system

电池组
BMS

充电器
Charger

电机
Motor

离合器
Clutch

离合器
Clutch

发动机
Engine

EMS

整车控制器（VCU/HCU）
Vehicle control unit/hybrid control unit

发动机管理系统（EMS）
Engine management system

第 3 章
新能源汽车

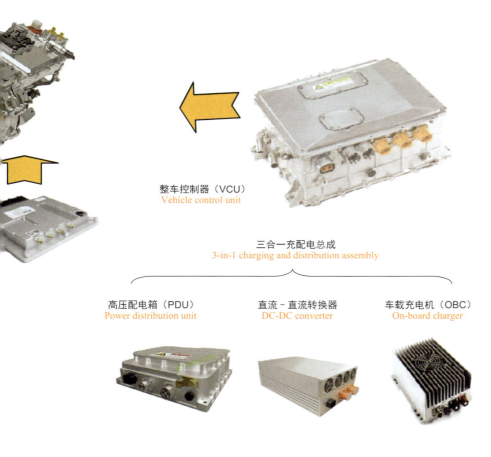

整车控制器（VCU）
Vehicle control unit

三合一充配电总成
3-in-1 charging and distribution assembly

高压配电箱（PDU）
Power distribution unit

直流-直流转换器
DC-DC converter

车载充电机（OBC）
On-board charger

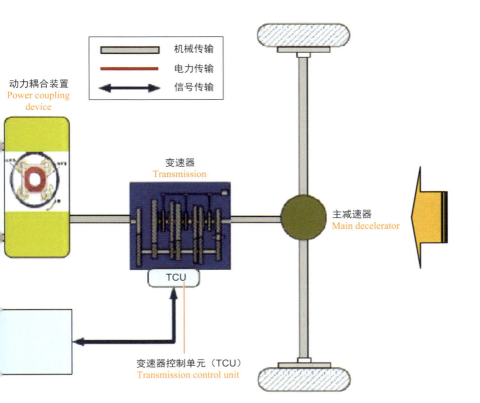

动力耦合装置
Power coupling device

机械传输
电力传输
信号传输

变速器
Transmission

主减速器
Main decelerator

变速器控制单元（TCU）
Transmission control unit

整车控制器是新能源汽车的核心控制部件，主要功能是解析驾驶员需求，监控汽车行驶状态，协调控制单元如BMS、MCU、EMS、TCU等的工作，实现整车的上下电、驱动控制、能量回收、附件控制和故障诊断等功能。

3.16 热管理系统

电动汽车的热管理系统不仅包括了空调系统，而且根据热管理需求分别增加了电池包冷却与加热、动力电子单元以及电机散热等不同部分。热管理系统由电机回路、电池回路、空调系统回路及暖风芯体回路构成。其中，电加热器（PTC）与电动空调压缩机为高压电部件。

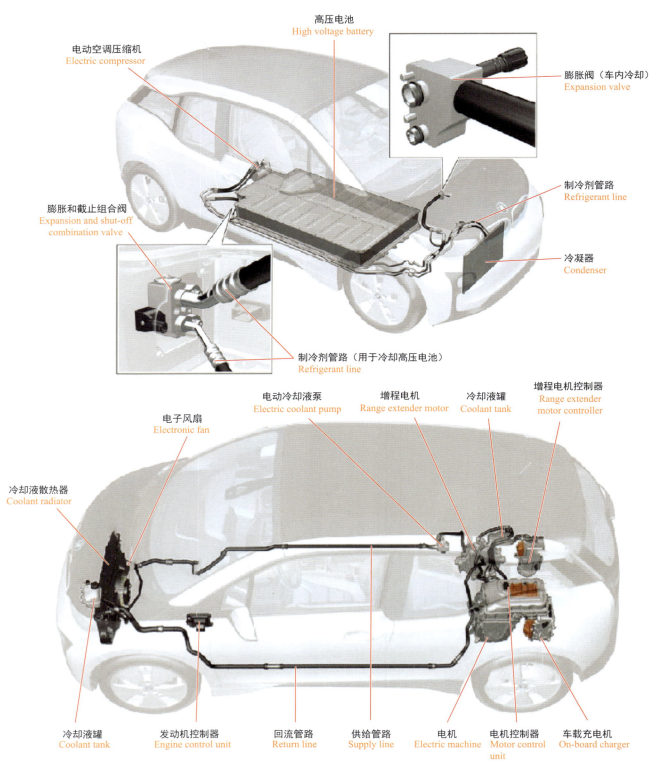

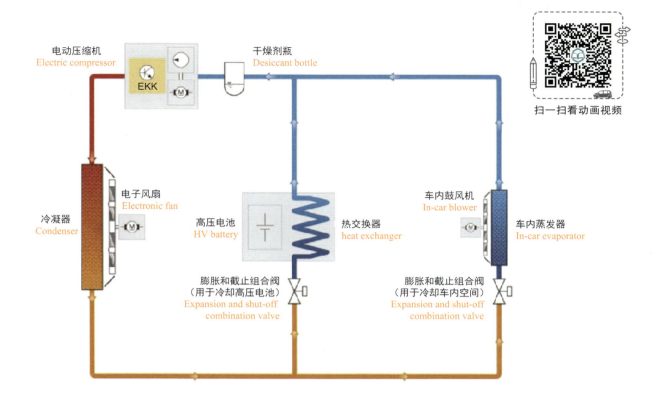
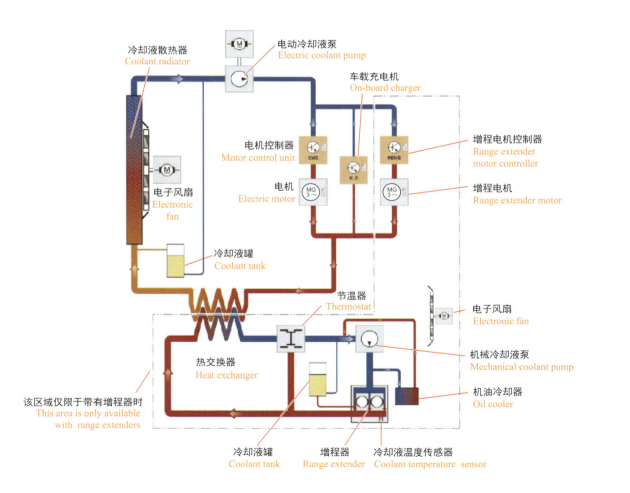

第 4 章
汽车传动系统

4.1 离合器

4.2 手动变速器

4.3 自动变速器

4.4 双离合变速器

4.5 无级变速器

4.6 混动变速器

4.7 四轮驱动

4.8 分动器与差速锁

4.9 传动轴与驱动桥

4.1 离合器

干式双离合器
Dry double clutch

扫一扫看动画视频

变速杆 Gear shift
手动变速器 Manual transmission
后差速器 Rear differential
离合器 Clutch
纵置发动机 Longitudinal engine
压盘 Pressure plate
分离轴承 Release bearing
后桥 Rear axle
驱动轴 Drive shaft
万向节 U-joint
飞轮 Flywheel
离合器拉索 Clutch cable
离合器踏板 Clutch pedal
离合器盘 Clutch disc
离合器叉 Clutch fork

驱动轴1、2 Drive shafts 1 and 2

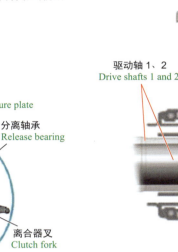

离合器2 Clutch 2

离合器安装位置 Clutch installation position

飞轮 Flywheel
离合器盘 Clutch disc
压盘 Clutch cover

弹簧式离合器 Spring clutch

挡板 Retaining plate
锥形弹簧 Cone spring
花键轮毂 Splined hub
缓冲铆钉 Cushioning rivet
铆钉 Facing rivet
止动销 Stop pin
摩擦片 Friction facing
拉力弹簧 Torsion spring
动力输出 Power output
离合器盘 Clutch disc
摩擦垫圈 Friction washer
摩擦片 Friction facing
缓冲片 Cushioning plate
摩擦片 Friction facing
离合器片 Clutch plate

普通离合器（配手动变速器） Ordinary clutch

离合器在传动系统中起切断和接通动力流的作用，一般安装于发动机飞轮与变速器之间。手动变速器常用干式摩擦离合器；双离合器变速器多用湿式双离合器，也有部分用于干式双离合器；自动变速器及无级变速器的离合装置多为带锁止离合器的液力变矩器。

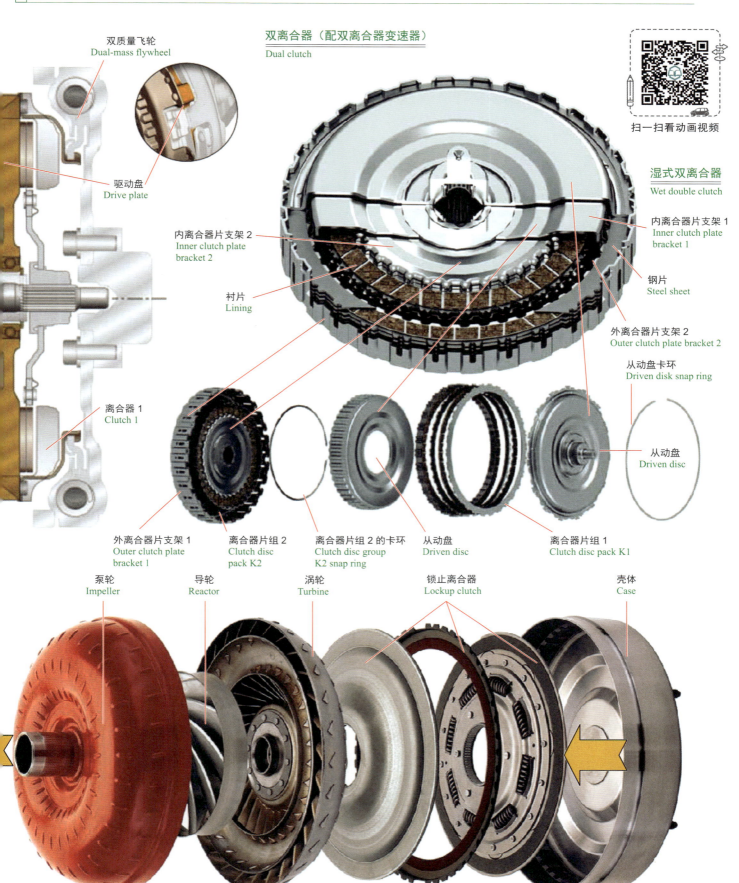

4.2 手动变速器

扫一扫看动画视频

扫一扫看动画视频

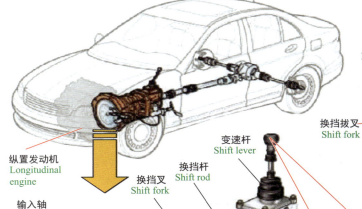

纵置发动机 Longitudinal engine
输入轴 Input shaft
换挡叉 Shift fork
换挡杆 Shift rod
变速杆 Shift lever
输出轴 Output shaft
惰轮（倒挡齿轮） Idler geat
手动变速器（纵置发动机） Manual transmission

离合器 Clutch
输入轴 Input shaft
换挡拨叉 Shift fork
输出轴 Output shaft
惰轮（倒挡齿轮） Idler (reverse gear)
差速器 Differential
主减速器 Main decelerator

五挡手动变速器变速杆 Five-speed manual transmission shift lever
六挡手动变速器变速杆 Six-speed manual transmission shift lever

输入轴结构 Input shaft structure

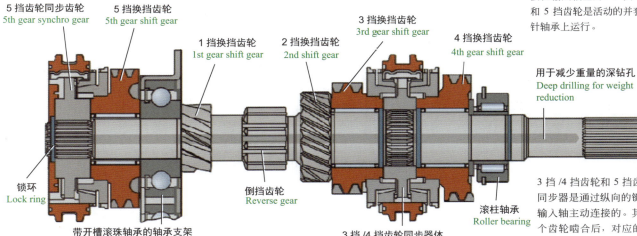

5挡齿轮同步齿轮 5th gear synchro gear
5挡换挡齿轮 5th gear shift gear
1挡换挡齿轮 1st gear shift gear
2挡换挡齿轮 2nd shift gear
3挡换挡齿轮 3rd gear shift gear
4挡换挡齿轮 4th gear shift gear
用于减少重量的深钻孔 Deep drilling for weight reduction
锁环 Lock ring
带开槽滚珠轴承的轴承支架 Bearing bracket with slotted ball bearing
倒挡齿轮 Reverse gear
3挡/4挡齿轮同步器体 3rd/4th gear synchronizer body
滚柱轴承 Roller bearing

1挡、2挡和倒挡齿轮是主动连接在输入轴上的。3挡、4挡和5挡齿轮是活动的并套在滚针轴承上运行。

3挡/4挡齿轮和5挡齿轮的同步器是通过纵向的键槽与输入轴主动连接的。其中一个齿轮啮合后，对应的"换向齿轮"也连接到输入轴。锁环保持齿轮的位置。

第4章
汽车传动系统

手动变速器（Manual transmission，MT）又称机械式变速器，即必须用手拨动变速杆（俗称"挡把"）才能改变变速器内的齿轮啮合位置，改变传动比，从而达到变速的目的。手动变速器在操纵时必须踩下离合，方可拨得动变速杆。手动变速器是利用大小不同的齿轮配合而达到变速的目的。最常见的手动变速器多为5挡位（4个前进挡、1个倒挡），也有的汽车采用6挡位变速器。

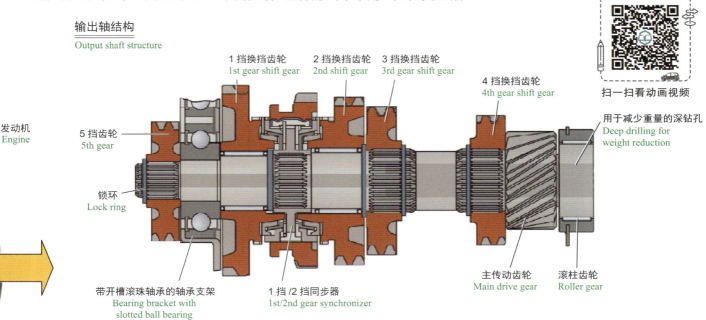

输出轴结构
Output shaft structure

3挡、4挡和5挡齿轮以及1挡/2挡齿轮的同步器是在旋转的方向上以较小间隙的齿轮主动连接到输出轴上。1挡和2挡齿轮是空转齿轮，套在输出轴的滚针轴承上转动。锁环保持齿轮的位置。

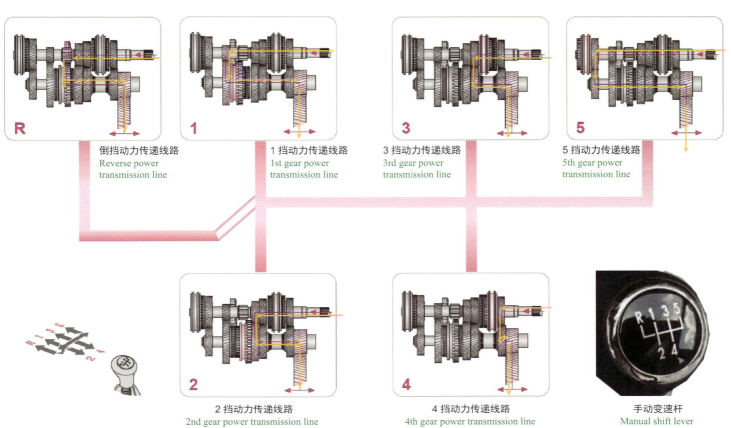

4.3 自动变速器

在车辆行驶过程中，自动变速器的齿轮传动比（挡位）的变换是由变速器控制系统自动完成的，无须驾驶员手动换挡。行星齿轮组包括行星轮（带行星架）、太阳轮以及内齿圈，这三个部件中的任一个固定，动力便可以在其他两个之间进行传递。六挡自动变速器的莱派特（Lepelletier）行星齿轮组只用5个换挡元件，就可以实现6个前进挡和一个倒挡的换挡了。

扫一扫看动画视频

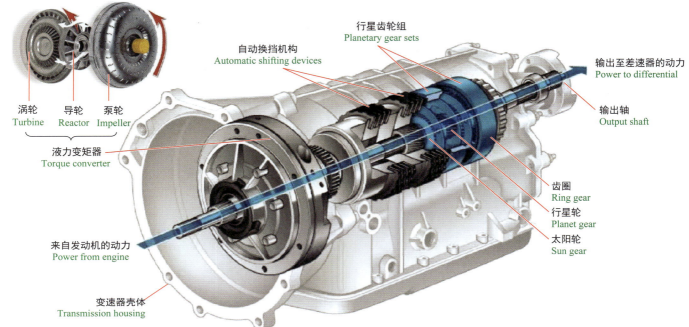

R（Reverse）：倒挡

N（Neutral）：空挡

D（Drive）：前进挡

P（Parking）：驻车挡

M（Manual）/S（Sports）：手动挡

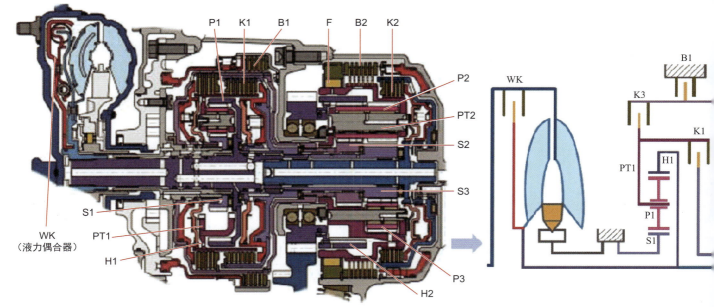

第4章 汽车传动系统

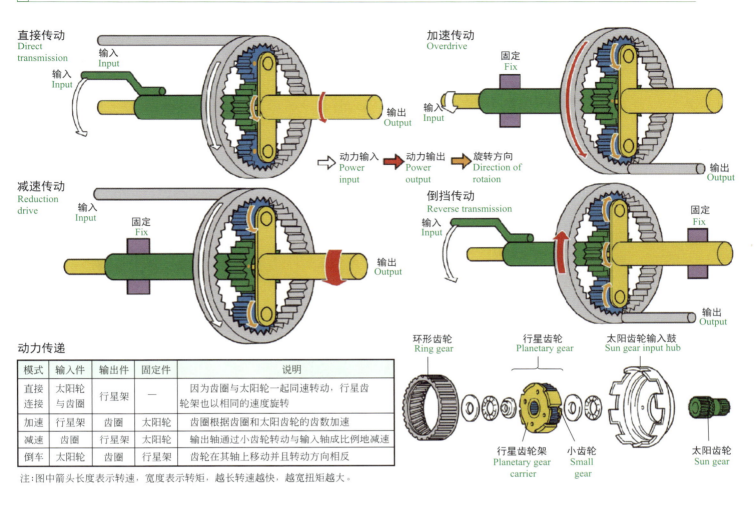

动力传递

模式	输入件	输出件	固定件	说明
直接连接	太阳轮与齿圈	行星架	—	因为齿圈与太阳轮一起同速转动，行星齿轮架也以相同的速度旋转
加速	行星架	齿圈	太阳轮	齿圈根据齿圈和太阳齿轮的齿数加速
减速	齿圈	行星架	太阳轮	输出轴通过小齿轮转动与输入轴成比例地减速
倒车	太阳轮	齿圈	行星架	齿轮在其轴上移动并且转动方向相反

注：图中箭头长度表示转速，宽度表示转矩，越长转速越快，越宽扭矩越大。

扫一扫看动画视频

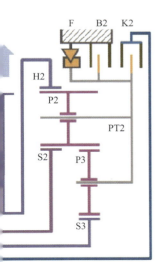

机构	部件	连接装置
初级行星齿轮组	H1—齿圈1	涡轮轴（驱动装置）/离合器K2
	P1—行星齿轮1	行星齿轮组内的动力传递装置
	S1—太阳轮1	固定不动
	PT1—行星齿轮架1	离合器K1和K3
制动器	B1—制动器1	固定住大太阳轮S2（次级行星齿轮组）在1挡（有发动机制动）和R挡时工作
	B2—制动器2	固定住行星齿轮架PT2（次级行星齿轮组）在1挡（有发动机制动）和R挡时工作
离合器	K1—离合器1	行星齿轮架PT1（初级齿轮组），带有小太阳轮S3（次级行星齿轮组），在1、2、3和4挡时工作
	K2—离合器2	蜗轮轴（驱动装置），带有次级行星齿轮组的行星齿轮架PT2在4、5、6挡时工作
	K3—离合器3	行星齿轮架PT1（初级齿轮组），带有大太阳轮S2（次级行星齿轮组），在3、5和R挡时工作
	F—单向离合器	固定住行星齿轮架PT2（次级行星齿轮组），逆着输入转速方向在1挡拖车时使用（无发动机制动）
次级行星齿轮组	H2—齿圈2	输出装置
	P2—行星齿轮2，长	行星齿轮组内的动力传递装置
	P3—行星齿轮3，短	行星齿轮组内的动力传递装置
	S2—太阳轮2，大	离合器K3/制动器B1
	S3—太阳轮3，小	离合器K1
	PT2—行星齿轮架2	离合器K2/制动器B2/单向离合器F

4.4 双离合变速器

扫一扫看动画视频

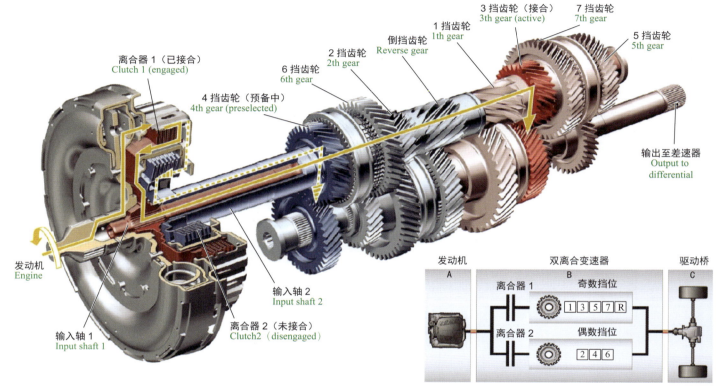

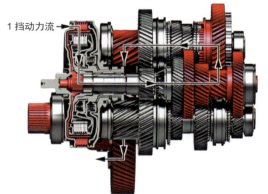

1 挡
分变速器 1→离合器 K1→驱动轴 1→输出轴 1，换挡齿轮 1→主减速器

2 挡
分变速器 2→离合器 K2→驱动轴 2→输出轴 2，换挡齿轮 2→主减速器

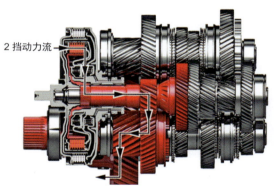

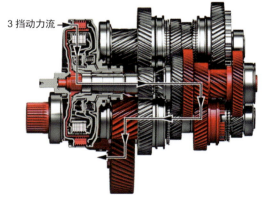

3 挡
分变速器 1→离合器 K1→驱动轴 1→输出轴 2，换挡齿轮 3→主减速器

4 挡
分变速器 2→离合器 K2→驱动轴 2→输出轴 1，换挡齿轮 4→主减速器

第4章
汽车传动系统

扫一扫看动画视频

扫一扫看动画视频

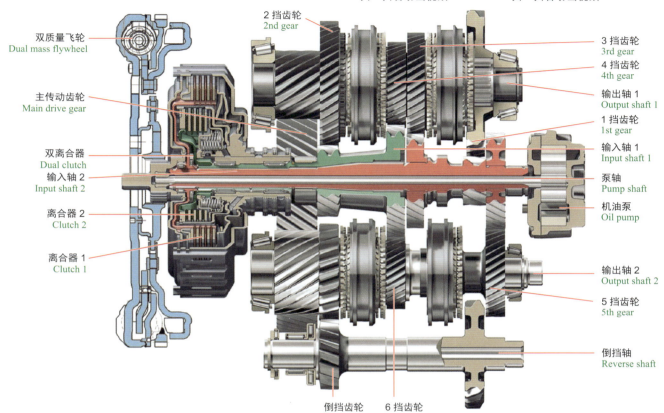

主要部件标注：
- 双质量飞轮 Dual mass flywheel
- 主传动齿轮 Main drive gear
- 双离合器 Dual clutch
- 输入轴 2 Input shaft 2
- 离合器 2 Clutch 2
- 离合器 1 Clutch 1
- 2 挡齿轮 2nd gear
- 3 挡齿轮 3rd gear
- 4 挡齿轮 4th gear
- 输出轴 1 Output shaft 1
- 1 挡齿轮 1st gear
- 输入轴 1 Input shaft 1
- 泵轴 Pump shaft
- 机油泵 Oil pump
- 输出轴 2 Output shaft 2
- 5 挡齿轮 5th gear
- 倒挡轴 Reverse shaft
- 倒挡齿轮 Reverse gear
- 6 挡齿轮 6th gear

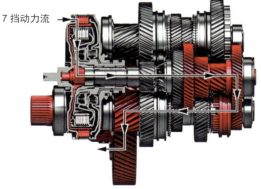

5 挡动力流

5 挡
分变速器 1→离合器 K1→
驱动轴 1→输出轴 1，换挡
齿轮 5→主减速器

6 挡
分变速器 2→离合器 K2→
驱动轴 2→输出轴 2，换挡
齿轮 6→主减速器

换挡 6 挡动力流

7 挡动力流

7 挡
分变速器 1→离合器 K1→
驱动轴 1→输出轴 2，换挡
齿轮 7→主减速器

倒挡动力流

倒挡
分变速器 2→离合器 K2→
驱动轴 2→输出轴 2，换挡
齿轮 2→输出轴 1，倒挡换
挡齿轮→主减速器

4.5 无级变速器

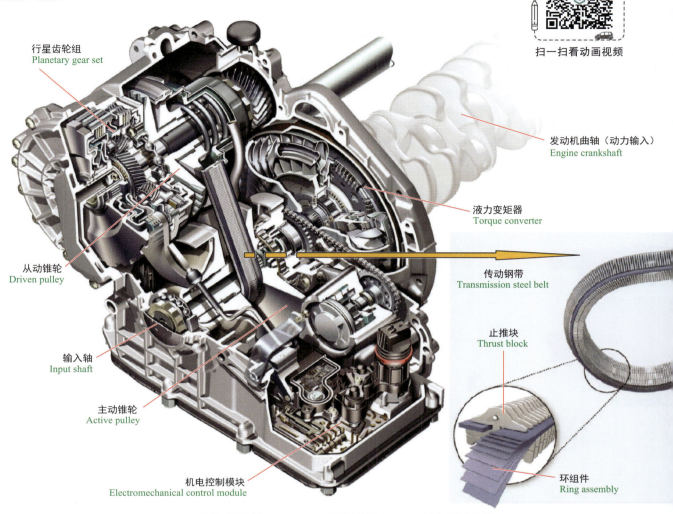

- 行星齿轮组 Planetary gear set
- 发动机曲轴（动力输入）Engine crankshaft
- 液力变矩器 Torque converter
- 传动钢带 Transmission steel belt
- 止推块 Thrust block
- 环组件 Ring assembly
- 从动锥轮 Driven pulley
- 输入轴 Input shaft
- 主动锥轮 Active pulley
- 机电控制模块 Electromechanical control module

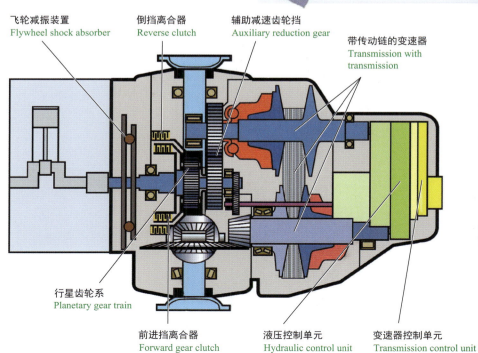

- 飞轮减振装置 Flywheel shock absorber
- 倒挡离合器 Reverse clutch
- 辅助减速齿轮挡 Auxiliary reduction gear
- 带传动链的变速器 Transmission with transmission
- 行星齿轮系 Planetary gear train
- 前进挡离合器 Forward gear clutch
- 液压控制单元 Hydraulic control unit
- 变速器控制单元 Transmission control unit

扫一扫看动画视频

变速器工作原理

根据发动机输出功率，发动机扭矩通过飞轮减振装置或双质量飞轮传递给变速器。前进挡和倒挡各有一"湿式"刚片离合器，两者均为启动离合器。倒挡旋转方向通过行星齿轮系改变。发动机扭矩通过辅助减速齿轮传递到变速器，并由此传到主减速器。电子液压控制单元和变速器控制单元集成为一体，位于变速器壳体内。

变速器传动输出变慢

传动比必须由主压力调节，次压力控制止推链带所需的接触压力。无级变速器(CVT)主控制电磁阀将机油压力施加至压力阀，所需的机油压经供给压力阀供至带轮套件。主带轮套件上的油压下降会导致可移动传动带从固定传动带移开，从而减少止推链带的主工作半径。同时，副带轮装置上的可移动传动带向固定传动带移动，从而增加副侧的工作半径。

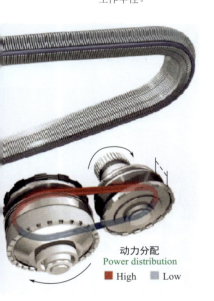

动力分配
Power distribution
■ High　■ Low

变速器传动输出变快

无级变速器(CVT)控制单元通过无级变速器主控制电磁阀促动主压力阀，这会使主带轮套件被施加更高的压力。施加高压使得主带轮套件的可移动带轮移向固定带轮，从而增大止推链带的主工作半径。同时，副带轮套件的可移动带轮移向固定带轮，从而减少了止推链带的副工作半径。

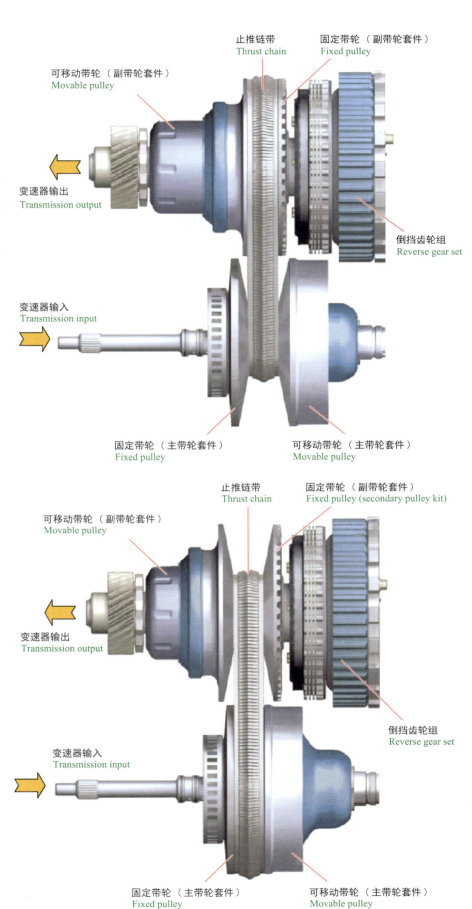

4.6 混动变速器

扫一扫看动画视频

混合动力模块中,包含两个行驶离合器 K1 和 K2、分离离合器 K0 和驱动电机。这三个离合器均为湿式离合器,分离离合器 K0 负责发动机与驱动电机的连接或者断开。分离离合器 K0 在下述情况下会接合:驱动电机启动发动机时;车辆由发动机驱动时;车辆由电机和发动机共同驱动时。如果车辆是纯电动驱动,分离离合器 K0 是脱开的。

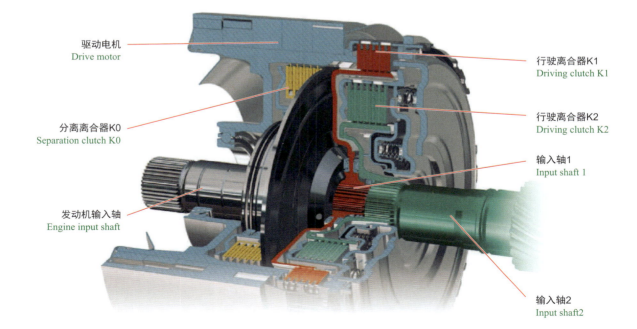

第 4 章
汽车传动系统

扫一扫看动画视频

电机驱动（纯电动行驶）
Motor drive

液压换挡过程结束，液压缸处于无压力状态。锁止元件和滑动齿轮上的麻面会将接合套保持在这个位置上。于是该挡位就保持在这个挂入的状态了。

分离离合器K0
Separation clutch K0

来自驱动电机的动力
Power from the driving motor

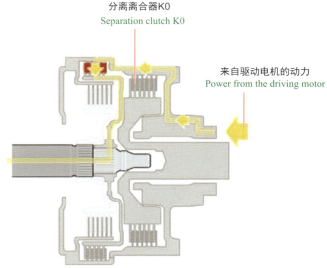

转子
Rotor

分离离合器K0
Separation clutch K0

行驶离合器K1
Driving clutch K1

行驶离合器K2
Driving clutch K2

电机与发动机联合驱动（Boost）
Motor and engine combined drive

分离离合器 K0 这时是接合着的。发动机和驱动电机一起作为动力装置来驱动车辆行驶。在 Boost 模式时，驱动电机与发动机同时工作，以便达到最大扭矩。

来自驱动电机的动力
Power from the driving motor

来自发动机的动力
Power from the engine

发动机驱动
Engine drive

来自发动机的动力
Power from the engine

分离离合器 K0 这时是接合着的。发动机作为动力装置来驱动车辆行驶。驱动电机这时可按需要作为发电机来使用。

4.7 四轮驱动

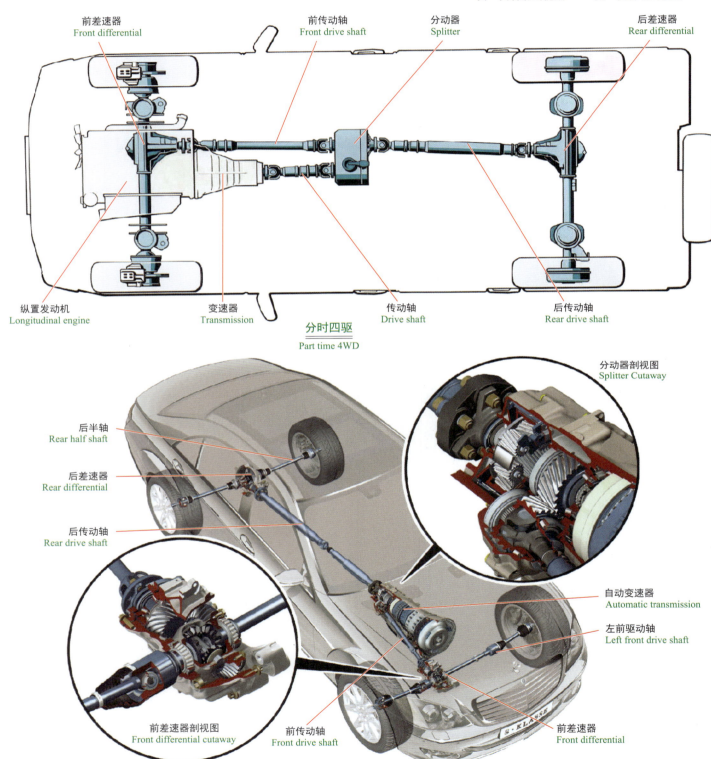

四轮驱动,顾名思义就是采用四个车轮作为驱动轮,简称四驱(4 Wheel drive,4WD),也有称为全轮驱动的,英文简写AWD,或车身标记为4×4。由于四驱汽车的四个车轮都可以驱动汽车,如果在一些复杂路段出现前轮或后轮打滑,另外两个轮子还可以继续驱动汽车行驶,有利于摆脱困境。在冰雪或湿滑路面行驶时,也不容易出现打滑现象,比一般的两驱车型稳定。

扫一扫看动画视频

扫一扫看动画视频

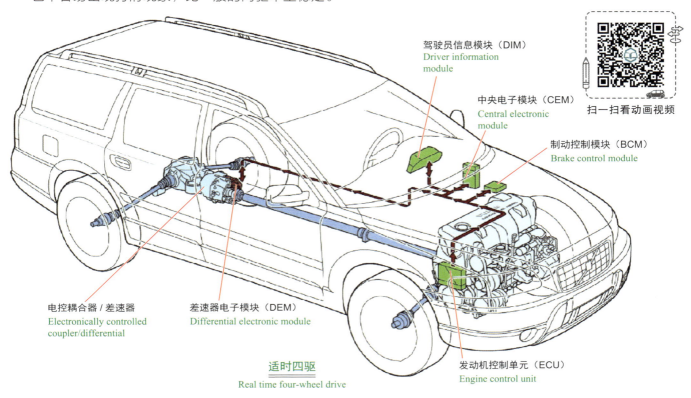

适时四驱
Real time four-wheel drive

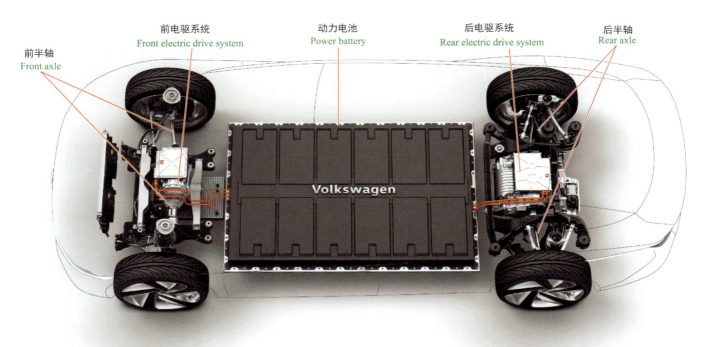

电动四驱
Electric four-wheel drive

4.8 分动器与差速锁

扫一扫看动画视频

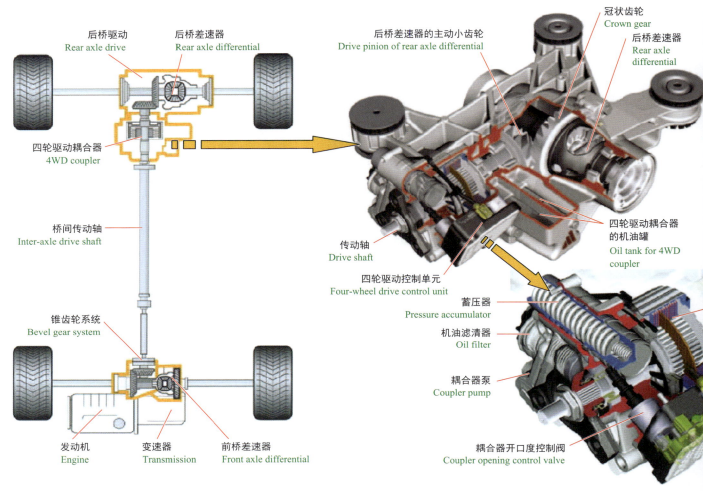

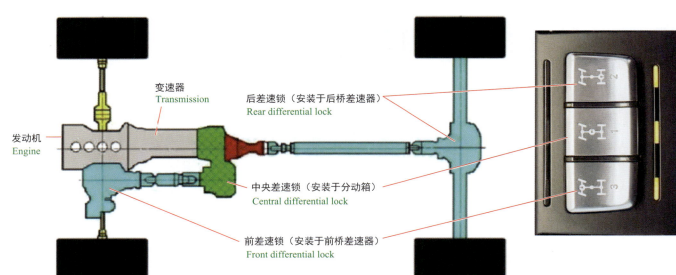

第4章
汽车传动系统

分动器是一齿轮传动系统,其输入轴直接或通过万向传动装置与变速器的第二轴相连,输出轴则有若干,分别经万向传动装置与各驱动桥连接。在多轴驱动的汽车上一般装有分动器,目的是将变速器输出的动力分配到各驱动桥。

扫一扫看动画视频

扫一扫看动画视频

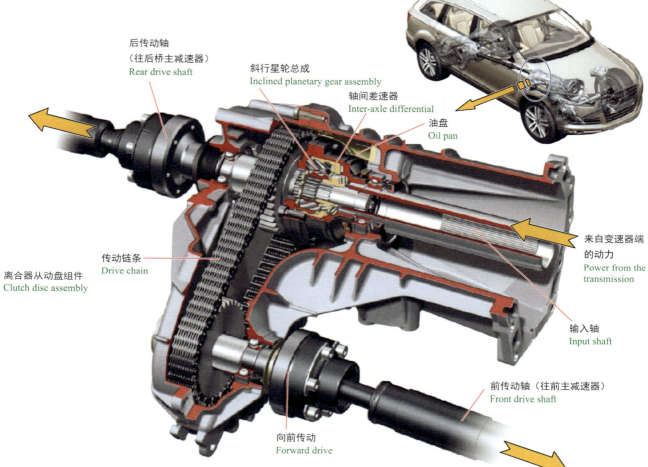

- 后传动轴(往后桥主减速器) Rear drive shaft
- 斜行星轮总成 Inclined planetary gear assembly
- 轴间差速器 Inter-axle differential
- 油盘 Oil pan
- 来自变速器端的动力 Power from the transmission
- 输入轴 Input shaft
- 前传动轴(往前主减速器) Front drive shaft
- 向前传动 Forward drive
- 传动链条 Drive chain
- 离合器从动盘组件 Clutch disc assembly

差速锁就是将差速器锁止的部件,差速锁可以将差速器完全锁止,让驱动轮同步输出动力。电子差速锁是ESP(电子稳定程序)的一种扩展功能,在普通开放式差速器的基础上加装多片离合器分配扭矩,通过传感器探测并判断车轮状态,实现驱动力的分配。

后桥差速锁 Rear axle differential lock

- 万向节法兰 Universal joint flange
- 右半轴法兰 Right half shaft flange
- 左半轴法兰 Left half shaft flange
- 多片式离合器 Multi-piece clutch
- 离合器活塞
- 液压泵电机 Hydraulic

4.9 传动轴与驱动桥

扫一扫看动画视频

驱动桥的主要构件为差减总成，差减总成由差速器与减速器组成。后驱车安装在后桥上，前驱车安装在变速器内部。

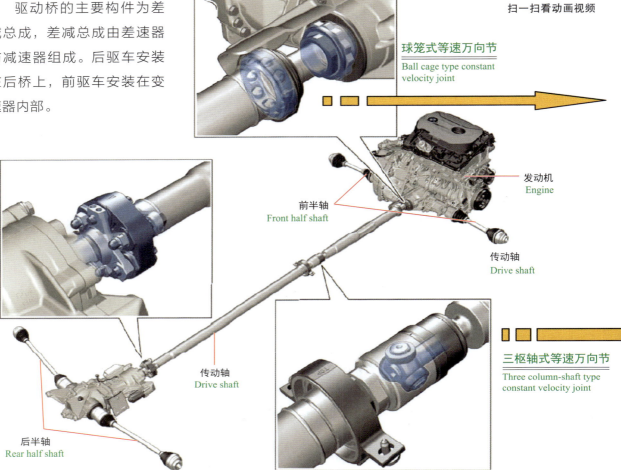

传动轴由轴管、伸缩套和万向节组成。伸缩套能自动调节变速器与驱动桥之间的距离。万向节是保证变速器输出轴与驱动桥输入轴两轴线夹角的变化，并实现两轴的等角速传动。驱动轴也称半轴，一般位于车辆差减总成与左右驱动轮之间。

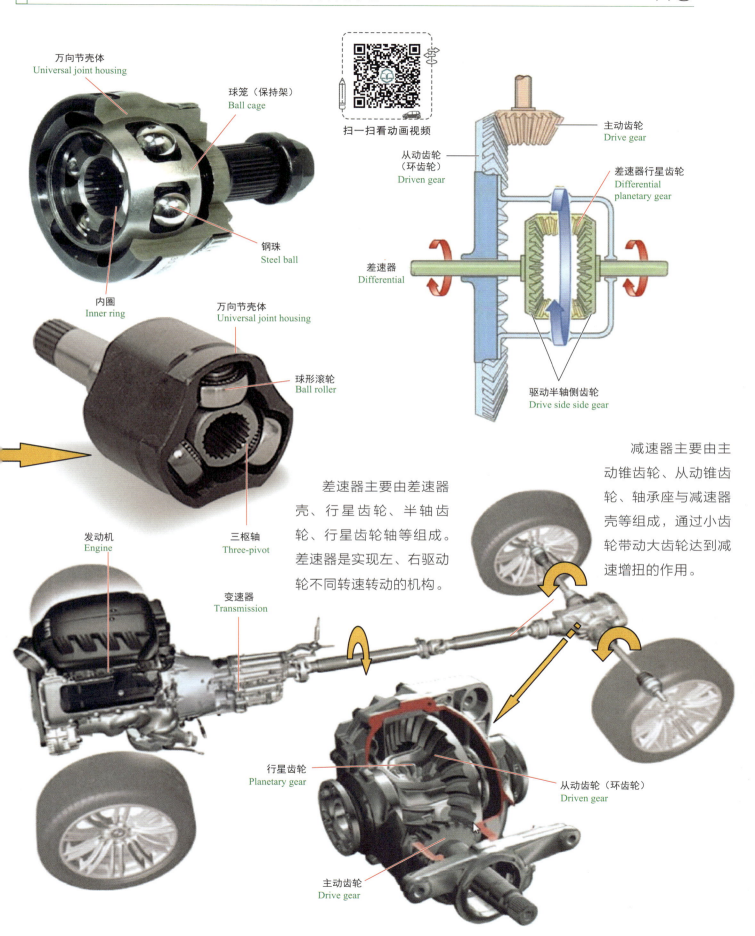

第 5 章
汽车行驶系统

5.1 悬架系统

5.2 独立悬架

5.3 空气悬架

5.4 电子悬架

5.5 稳定杆与减振器

5.6 车轮与轮胎

5.1 悬架系统

典型的悬架结构由弹性元件、导向机构以及减振器等组成，个别结构则还有缓冲块、横向稳定杆等。弹性元件又有钢板弹簧、空气弹簧、螺旋弹簧以及扭杆弹簧等形式。现代轿车悬架多采用螺旋弹簧和扭杆弹簧，高级轿车则一般使用空气弹簧。

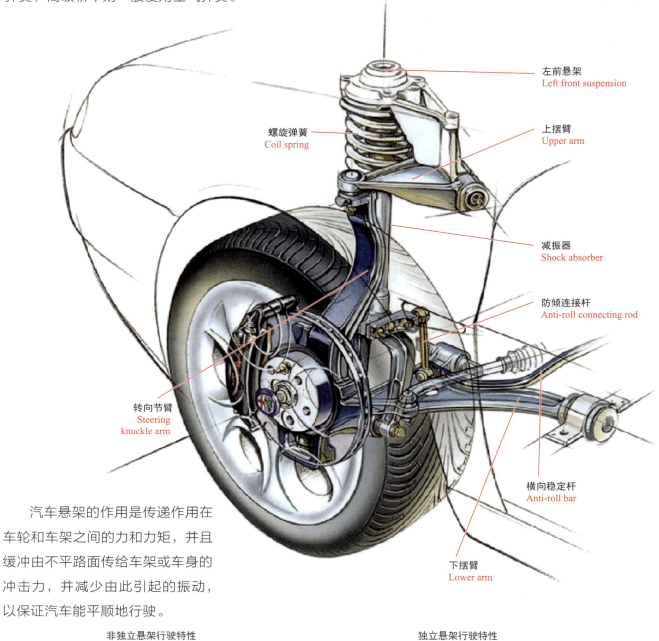

汽车悬架的作用是传递作用在车轮和车架之间的力和力矩，并且缓冲由不平路面传给车架或车身的冲击力，并减少由此引起的振动，以保证汽车能平顺地行驶。

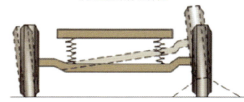

非独立悬架行驶特性

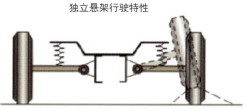

独立悬架行驶特性

扭转梁悬架（半独立悬架）
Torsion beam suspension (semi-independent suspension)

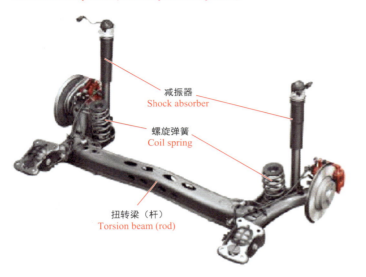

减振器 Shock absorber
螺旋弹簧 Coil spring
扭转梁（杆）Torsion beam (rod)

钢板弹簧悬架（非独立悬架）
Leaf spring suspension (non-independent suspension)

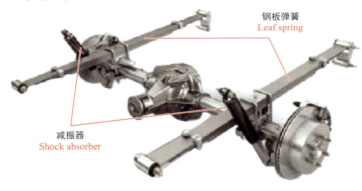

钢板弹簧 Leaf spring
减振器 Shock absorber

汽车的悬架系统分为非独立悬架和独立悬架两种，还有一种介于两种之间的半独立悬架。非独立悬架的车轮装在一根整体车轴的两端，当一边车轮跳动时，另一侧车轮也相应跳动，在现代轿车中已很少使用，多用在货车和大客车上。独立悬架的车轴分成两段，每只车轮由螺旋弹簧独立安装在车架下面，当一边车轮发生跳动时，另一边车轮不受影响，两边的车轮可以独立运动。独立悬架系统又可分为横臂式、纵臂式、多连杆式、烛式以及麦弗逊式等。

双叉臂悬架（独立悬架）
Double wishbone suspension (independent suspension)

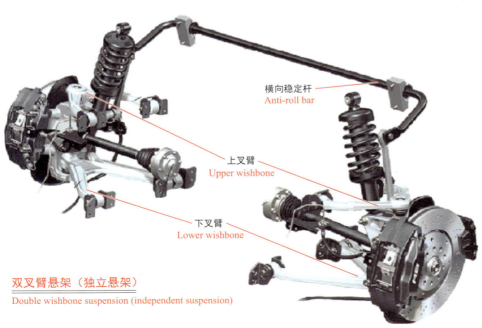

横向稳定杆 Anti-roll bar
上叉臂 Upper wishbone
下叉臂 Lower wishbone

5.2 独立悬架

麦弗逊式悬架是当今应用最广泛的轿车前悬架之一，一般用于轿车的前轮。麦弗逊式悬架由螺旋弹簧、减振器、三角形下摆臂组成，绝大部分车型还会加上横向稳定杆。

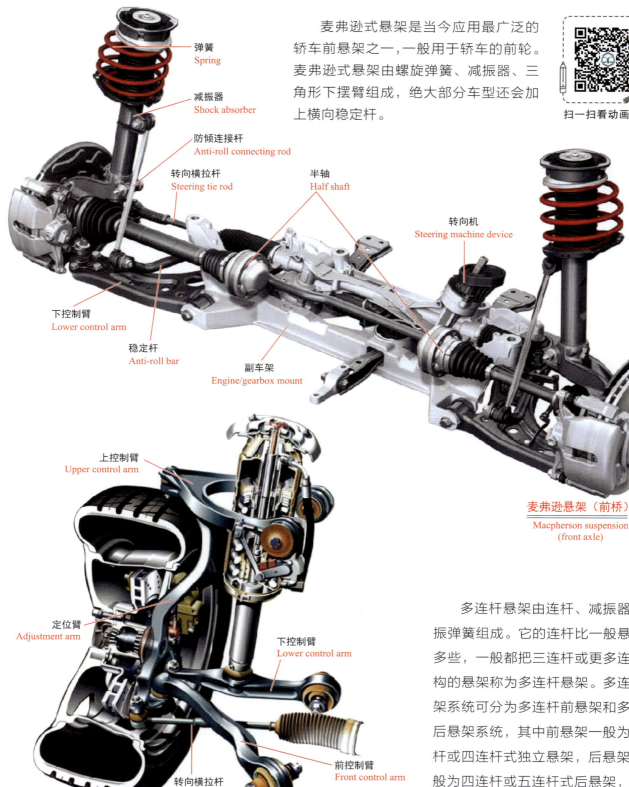

麦弗逊悬架（前桥）
Macpherson suspension (front axle)

四连杆悬架（前桥）
Four-link suspension (front axle)

多连杆悬架由连杆、减振器和减振弹簧组成。它的连杆比一般悬架要多些，一般都把三连杆或更多连杆结构的悬架称为多连杆悬架。多连杆悬架系统可分为多连杆前悬架和多连杆后悬架系统，其中前悬架一般为三连杆或四连杆式独立悬架，后悬架则一般为四连杆或五连杆式后悬架，五连杆式后悬架应用较为广泛。

第5章 汽车行驶系统

双叉臂悬架是独立悬架的一种，也叫双叉骨、双愿骨（Double wish bone）悬架。双叉臂悬架拥有上下两个不等长的摇臂，双叉臂的臂有做成 A 形的也有做成 V 形的。V 形臂的上下两个 V 形摆臂以一定的距离分别安装在车轮上，另一端安装在车架上。

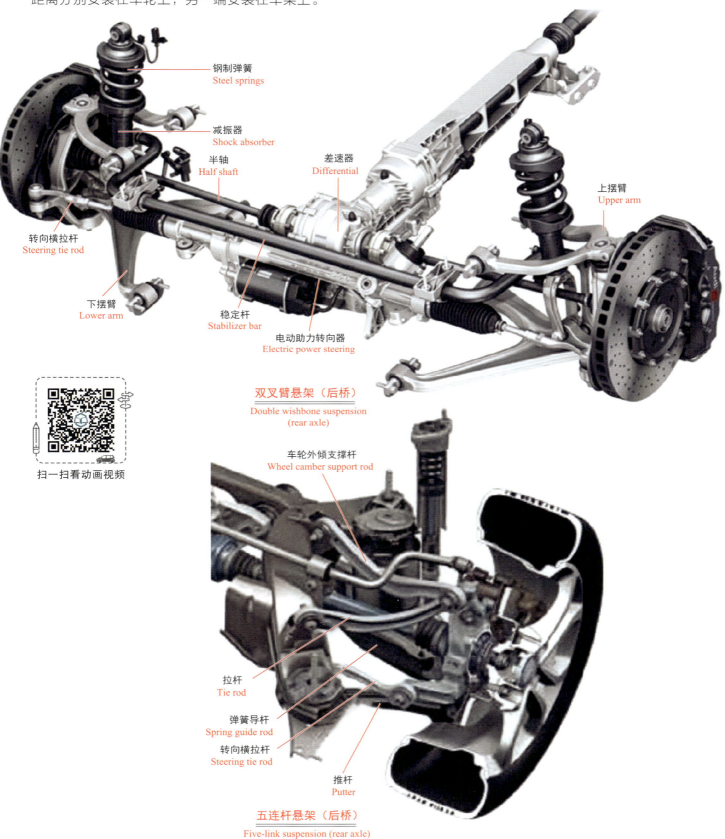

双叉臂悬架（后桥）
Double wishbone suspension (rear axle)

五连杆悬架（后桥）
Five-link suspension (rear axle)

扫一扫看动画视频

5.3 空气悬架

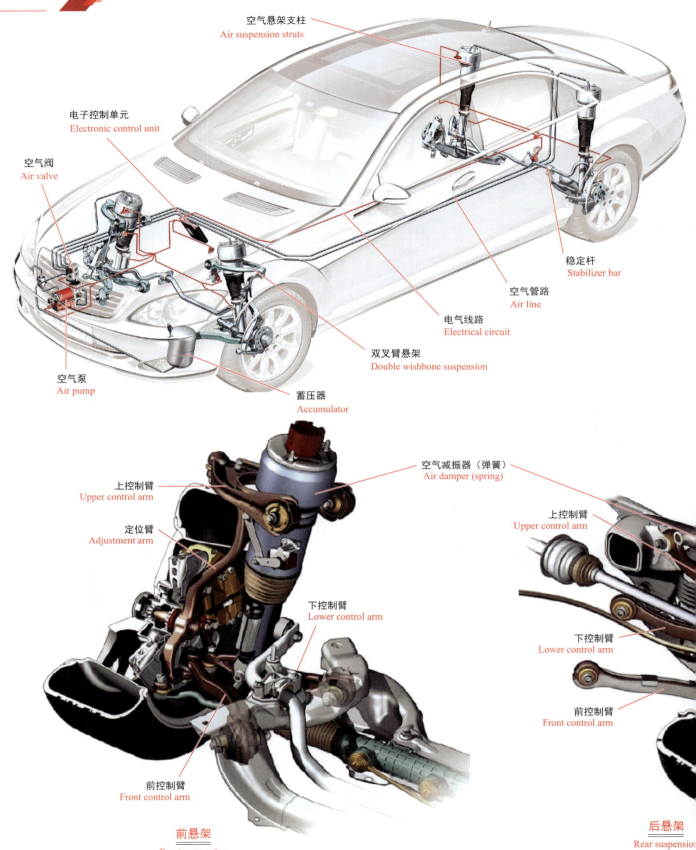

- 空气悬架支柱 Air suspension struts
- 电子控制单元 Electronic control unit
- 空气阀 Air valve
- 空气泵 Air pump
- 蓄压器 Accumulator
- 双叉臂悬架 Double wishbone suspension
- 电气线路 Electrical circuit
- 空气管路 Air line
- 稳定杆 Stabilizer bar
- 空气减振器（弹簧）Air damper (spring)
- 上控制臂 Upper control arm
- 定位臂 Adjustment arm
- 下控制臂 Lower control arm
- 前控制臂 Front control arm

前悬架 Front suspension

- 上控制臂 Upper control arm
- 下控制臂 Lower control arm
- 前控制臂 Front control arm

后悬架 Rear suspension

扫一扫看动画视频

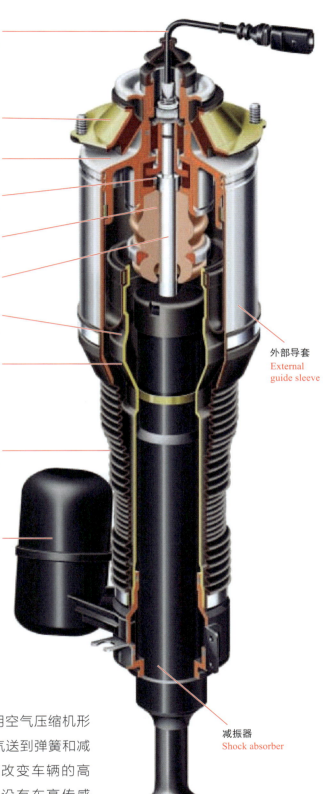

- 减振器电缆 Shock absorber cable
- 支柱支承 Pillar support
- 空气弹簧盖 Air spring cover
- 压缩-拉伸支承 Compression-tensile
- 辅助弹簧（橡胶限位块）Auxiliary spring (rubber limit block)
- 减振器活塞杆 Shock absorber piston rod
- 空气弹簧气囊 Air spring airbag
- 起伏活塞 Undulating piston
- 保护性波纹管 Protective bellows
- 蓄压器 Accumulator
- 外部导套 External guide sleeve
- 减振器 Shock absorber

- 减振器 Shock absorber

空气悬架工作原理是用空气压缩机形成压缩空气，并将压缩空气送到弹簧和减振器的空气室中，以此来改变车辆的高度。在前轮和后轮的附近设有车高传感器，按车高传感器的输出信号，电子控制单元判断出车身高度的变化，再控制压缩机和排气阀，使弹簧压缩或伸长，从而起到减振的作用。

5.4 电子悬架

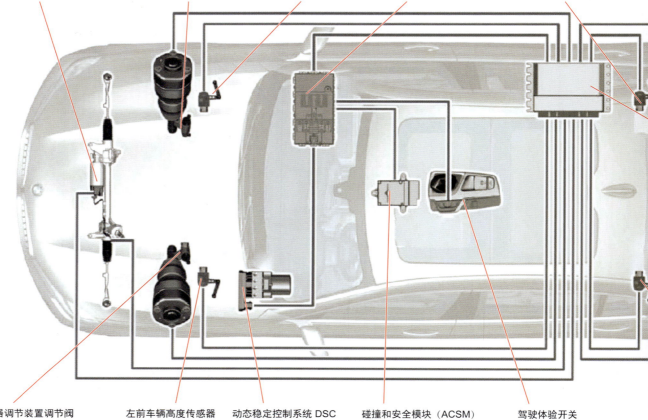

- 电子助力转向系统（EPS） Electronic power steering system (EPS)
- 右前减振器调节装置调节阀 Right front shock absorber adjustment device adjustment valve
- 右前车辆高度传感器 Right front vehicle height sensor
- 车身域控制器（BDC） Body domain controller (BDC)
- 右后车辆高度传感器 Right rear vehicle height sensor
- 左前减振器调节装置调节阀 Left front shock absorber adjustment device adjustment valve
- 左前车辆高度传感器 Left front vehicle height sensor
- 动态稳定控制系统 DSC Dynamic Stability Control DSC
- 碰撞和安全模块（ACSM） Crash and safety module (ACSM)
- 驾驶体验开关 Driving experience switch

压缩阶段
Compression stage

活塞杆移入时，被移入的活塞杆压出的机油量通过底座阀压入补偿室内并在底座阀上产生阻尼力。工作活塞压出的机油量被压缩阶段舒适阀和调节阀挤压并由此从工作活塞下方工作室进入工作活塞上方工作室。在此通过调节阀的节流横截面调节阻尼力。调节阀关闭时，机油流被主阀挤压。由此可调节最大阻尼力。

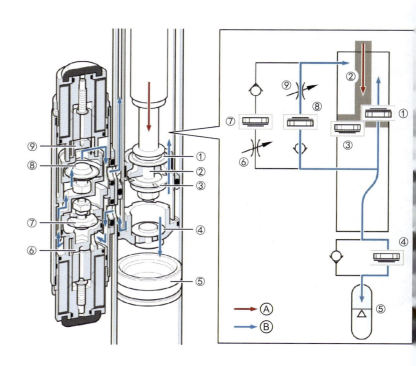

扫一扫看动画视频

电子悬架系统也称电子减振器控制系统（EDC），由以下组件构成：分别带有两个调节阀的四个电动调节式减振器、垂直动态管理平台（VDP）控制单元、用于探测车轮移动的四个车辆高度传感器、用于探测车身移动（提升、俯仰和侧倾）的传感器组件。减振器有两个调节阀，通过该阀可在弹簧伸长（拉伸阶段）和弹簧压缩（压缩阶段）独立进行阻尼力调节。调节阀通过挤压机油流改变节流横截面的方式来调整阻尼力。

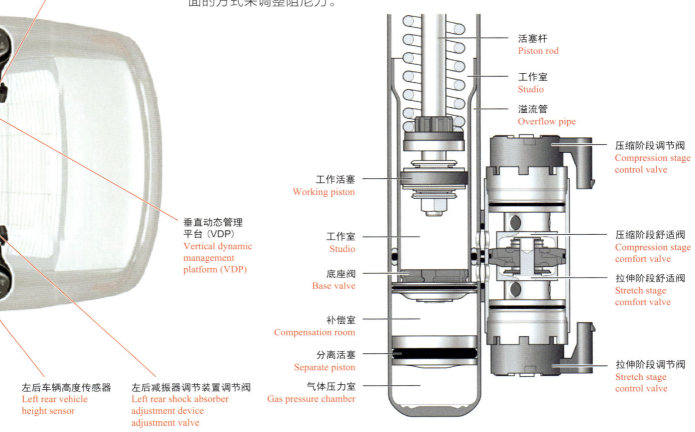

拉伸阶段
Stretching stage

活塞杆移动时，气体压力使所需补偿量从补偿室通过底座阀进入工作活塞下方工作室。工作活塞压出的机油量被拉伸阶段舒适阀和调节阀挤压并由此从工作活塞上方工作室进入工作活塞下方工作室。在此通过调节阀的节流横截面调节阻尼力。调节阀关闭时，机油被拉伸阶段主阀挤压。由此可调节最大阻尼力。

A—减振器移动；
B—机油流；
1—压缩阶段主阀；
2—工作活塞；
3—拉伸阶段主阀；
4—底座阀；
5—气体压力室；
6—拉伸阶段调节阀；
7—拉伸阶段舒适阀；
8—压缩阶段舒适阀；
9—压缩阶段调节阀

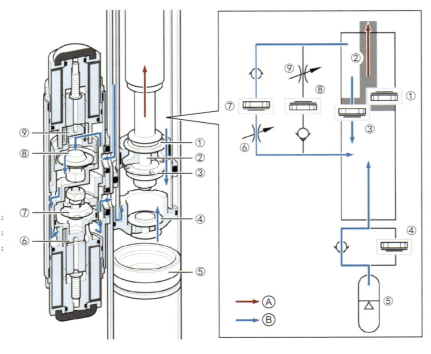

5.5 稳定杆与减振器

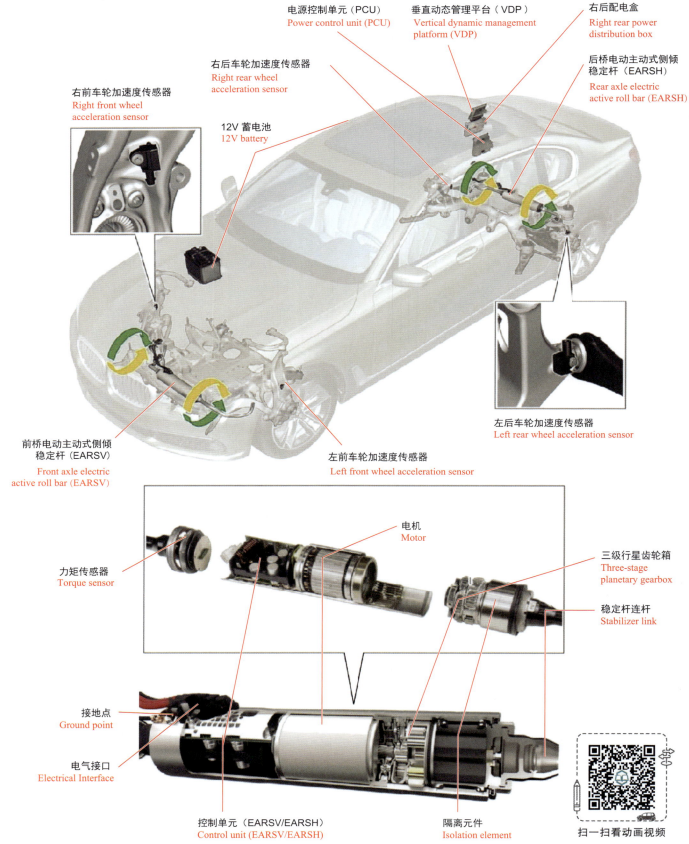

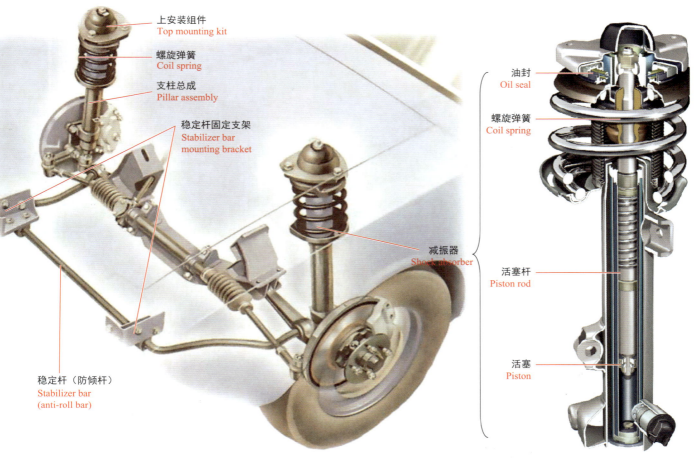

横向稳定杆（Sway bar，Anti-roll bar，Stabilizer bar），又称防倾杆、平衡杆，其功用是防止车身在转弯时发生过大的横向侧倾，尽量使车身保持平衡。当汽车转弯时，车身侧倾，两侧悬架跳动不一致，外侧悬架会压向稳定杆，稳定杆就会发生扭曲，杆身的弹力会阻止车轮抬起，从而使车身尽量保持平衡，起到横向稳定的作用。

扫一扫看动画视频

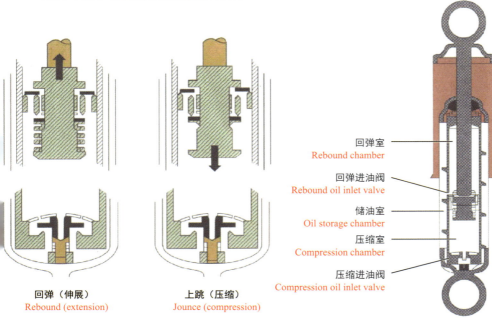

减振器主要用来抑制弹簧吸振后反弹时的振荡及来自路面的冲击。在经过不平路面时，虽然吸振弹簧能过滤路面的振动，但弹簧自身还可以有往复运动，而减振器就是用来抑制这种弹簧跳跃的。双筒减振器也称双管减振器，底部的内部是一个压缩阀。当道路上的颠簸迫使活塞向上或向下移动时，液压流体会通过活塞上的小孔以及通过阀门在不同的腔室之间移动。

5.6 车轮与轮胎

轮胎是车辆与路面之间力传递的载体，通过轮胎传递驱动力、制动力、转向力等，从而实现了汽车的驱动、制动、转向等操作。现在的轿车轮胎主要使用可充气的无内胎的子午线轮胎。

$$扁平比 = \frac{断面高度}{断面宽度}(\%)$$

195 / 55 R15 85 V
断面宽度(W)　扁平比(AR)　轮辋直径　载重指数　速度级别

主销横偏距

主销横偏距（R）是指从车轮接地面与车轮中心平面的交线至减振支柱转轴与地面交点间的距离。车辆不同，主销横偏距可以为正、负或零。

$R_0 > 0$

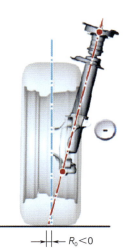
$R_0 < 0$

$R_0 = 0$

扫一扫看动画视频

车轮通常由两个主要部件轮辋和轮辐组成，轮辋是在车轮上安装和支承轮胎的部件，轮辐是在车轮上介于车轴和轮辋之间的支承部件。车轮除上述部件外，有时还包含轮毂。

扫一扫看动画视频

尼龙层 Nylon layer
橡胶层 Rubber layer

主销后倾角

主销后倾角是指在车辆纵轴方向上，转轴轴线与经过车轮中心的路面垂直线之间形成的倾角。主销后倾距是指转轴轴线与经过车轮中心的垂直线在路面上所形成的交点间的距离。

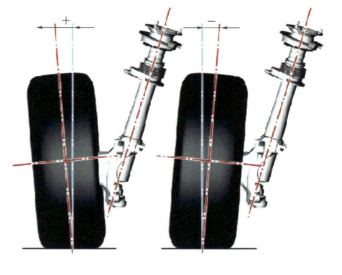

一个车桥的总前束由该车桥上两车轮之间前部距离与后部距离的差值确定。在轮辋边缘处测量距离。前桥上的单个车轮前束是指单个车轮相对几何行驶轴线的夹角。后桥上的单个车轮前束是指单个车轮相对车辆纵向中心平面的夹角。

车轮螺栓 Wheel bolt
车轮饰板 Wheel trim

主销内倾角

主销内倾角是指在车辆横向方向上，转轴（减振支柱转轴）中心线与路面垂直线之间的夹角。主销内倾角产生回转力，驶过弯道后回转力使车轮和方向盘重新回到直线行驶位置。

车轮外倾角

车轮外倾角是车轮中心平面与垂直面的倾斜角。车轮上部向外倾斜时，车轮外倾角为正。车轮上部向内倾斜时，车轮外倾角为负。

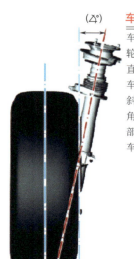

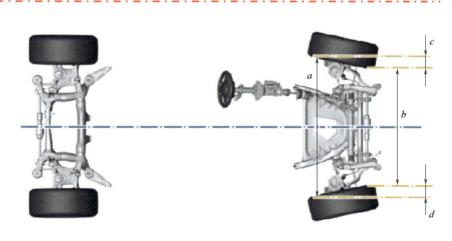

一个车桥的总前束由该车桥上两车轮之间前部距离与后部距离的差值确定。总前束 $(c+d)=a-b$

第 6 章
汽车转向系统

6.1 转向机构类型
6.2 液压助力转向系统
6.3 电动助力转向系统
6.4 全轮转向控制系统

6.1 转向机构类型

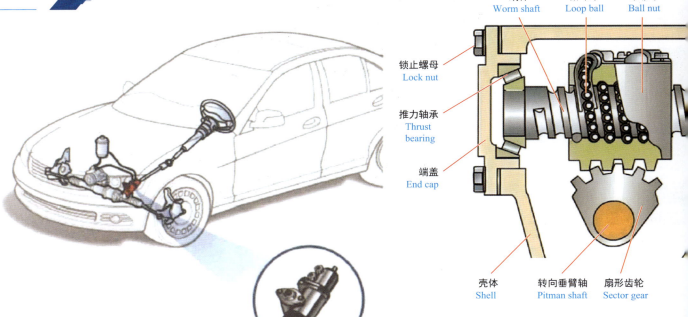

循环球式转向器由两个传动副组成，即螺杆螺母传动副和齿条齿扇传动副，在螺杆螺母传动副间装有钢球，变滑动摩擦为滚动摩擦。当转动方向盘时，即转动转向螺杆，通过钢球带动转向螺母轴向移动，经转向螺母的齿条与转向摇臂轴扇形齿轮，使转向摇臂轴摆动，并通过转向机构改变前轮方向，使汽车转向。

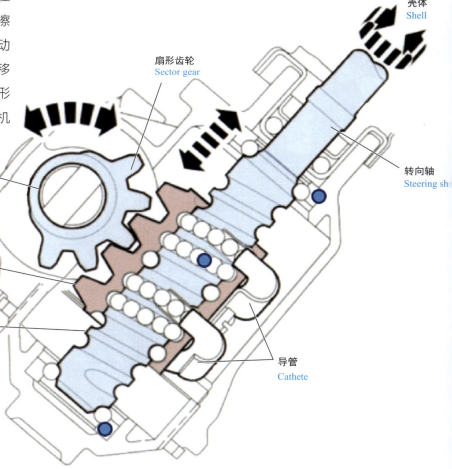

循环球式转向机构
Circulating ball steering mechanism

第6章
汽车转向系统

齿轮齿条式转向器主要由小齿轮、齿条、调节螺钉、壳体和齿条导向块等组成。带电动助力功能的双小齿轮齿条式转向器还包括EPS控制器、助力电机、传感器等装置。转向机的小齿轮与转向轴下端的转向齿条啮合。当方向盘转动时,转向器中的小齿轮转动,带动转向器中的齿条向方向盘转动方向移动。转向齿条的作用通过转向齿条的端部和转向杆的端部传递给转向节臂,使车轮可以转动。

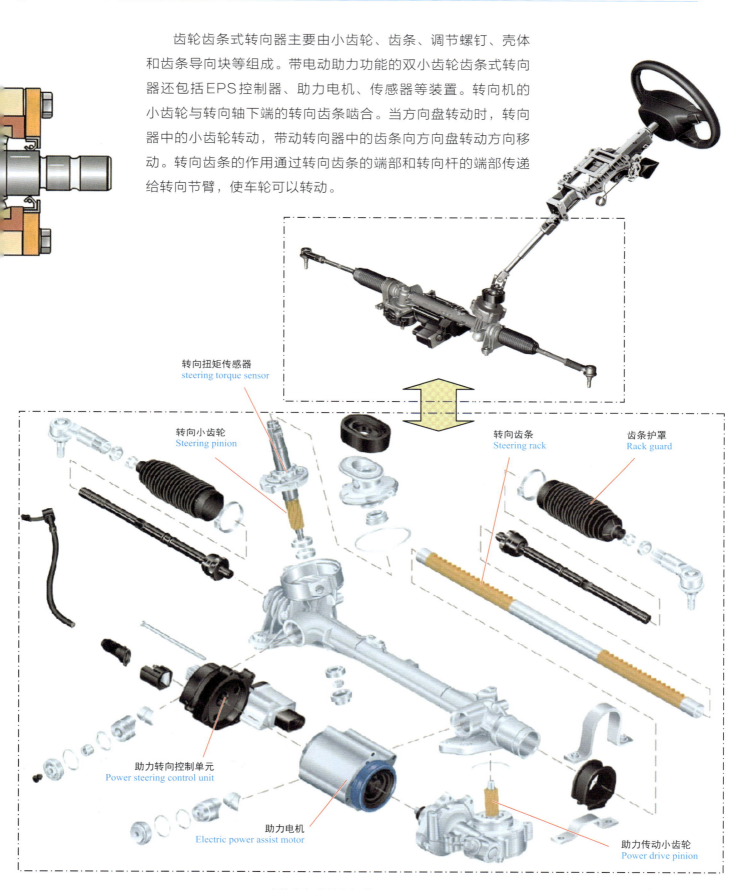

齿轮齿条式转向机构
Rack and pinion steering mechanism

6.2 液压助力转向系统

机械式液压助力系统主要包括齿轮齿条转向结构和液压系统（液压助力泵、液压缸、活塞等）两部分。工作原理是通过液压泵（由发动机传动带带动）提供油压推动活塞，进而产生辅助力推动转向拉杆，辅助车轮转向。

电子式液压助力系统的结构原理与机械式液压助力大体相同，最大的区别在于提供油压油泵的驱动方式不同。机械式液压助力的液压泵直接通过发动机传动带驱动，而电子式液压助力采用的是由电力驱动的电子泵。电子液压助力转向系统的电子控制单元，利用对车速传感器、转向角度传感器等传感器的信息处理，可以通过改变电子泵的流量来改变转向助力的力度大小。

辅助油罐 Auxiliary oil tank
转向柱 Steering column
转向器液压控制单元 Hydraulic control unit for steering box
方向盘 Steering wheel
转向柱调节机构 Steering column adjustment mechanism
万向节 Universal joint
转向柱 Steering column
动力转向油罐 Power steering oil tank
转向机 Steering machine
球头 Ball joint
护罩 Shield
横拉杆 Tie rod
电动油泵 Electric oil pump

第6章 汽车转向系统

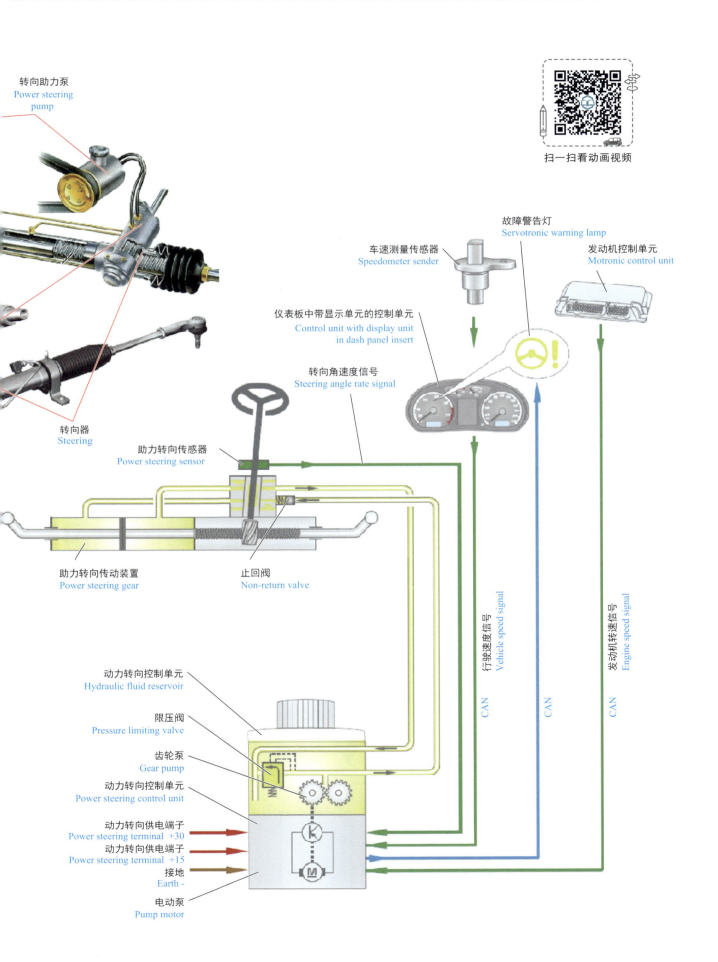

6.3 电动助力转向系统

电动助力转向系统（Electric power steering，EPS）是一种直接依靠电机提供辅助扭矩的动力转向系统，根据助力电机安装位置的不同，可以分为转向轴助力式（C-EPS）、齿轮助力式（P-EPS）、齿条助力式（R-EPS）三种。

扫一扫看动画视频

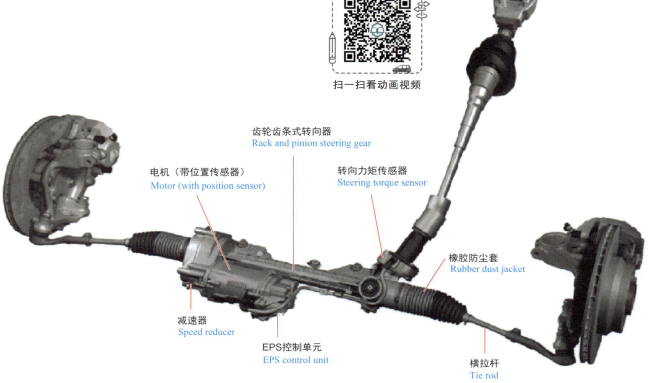

- 齿轮齿条式转向器 Rack and pinion steering gear
- 电机（带位置传感器） Motor (with position sensor)
- 转向力矩传感器 Steering torque sensor
- 橡胶防尘套 Rubber dust jacket
- 减速器 Speed reducer
- EPS控制单元 EPS control unit
- 横拉杆 Tie rod

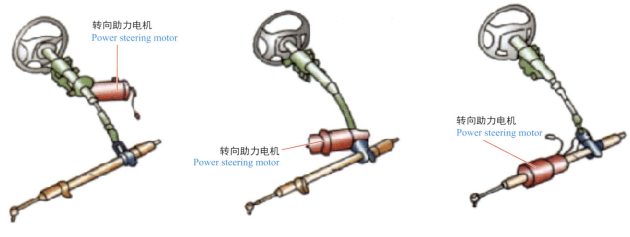

转向轴助力式EPS（C-EPS）
Steering column type EPS

齿轮助力式EPS（P-EPS）
Pinion type EPS

齿条助力式EPS（R-EPS）
Rack and pinion type EPS

第 6 章
汽车转向系统

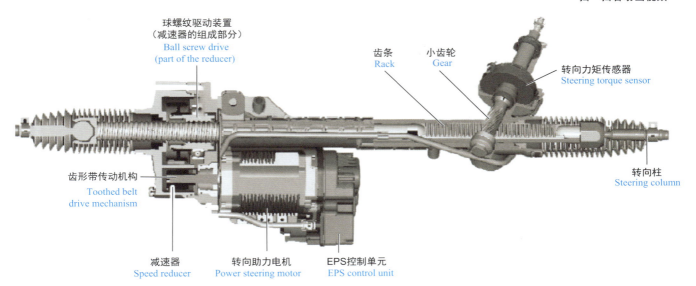

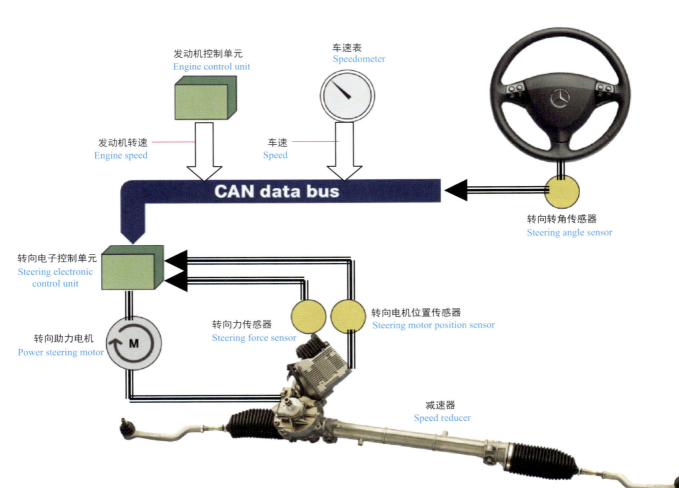

6.4 全轮转向控制系统

扫一扫看动画视频

- 电动机械式转向器连同转向助力控制单元
  Electromechanical steering gear with power steering control unit
- 后轮转向（全轮转向）
  Rear wheel steering (all wheel steering)
- 底盘控制单元
  Chassis control unit
- 动态转向执行装置
  Dynamic steering actuator

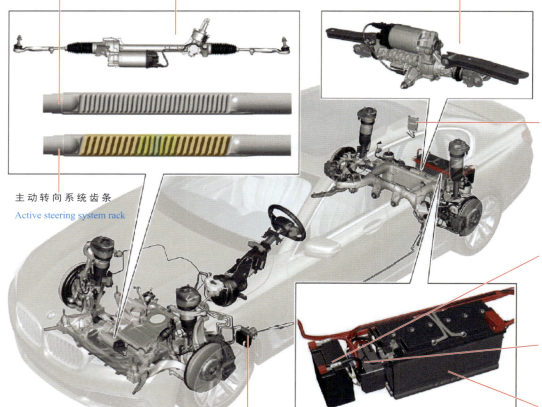

- 标准转向系统
  Standard steering system
- 电子助力转向系统
  Electronic power steering system
- 后桥侧偏角控制系统 HSR
  Rear axle side declination control system
- 主动转向系统齿条
  Active steering system rack
- 电源控制单元（PCU）（仅限 24 V 转向系统）
  Power control unit (PCU) (24 V steering system only)
- 12 V 附加蓄电池（仅限 24 V 转向系统）
  12 V additional battery (24 V steering system only)
- 隔离元件（仅限 24 V 转向系统）
  Isolation element (24V steering system only)
- 12 V 蓄电池
  12 V battery
- 动态稳定控制系统 DSC
  Dynamic stability control system

向右转向（前轮向左）
Steer to the right (front wheels to the left)

向左转向（前轮向右）
Steer to the left (front wheels to the right)

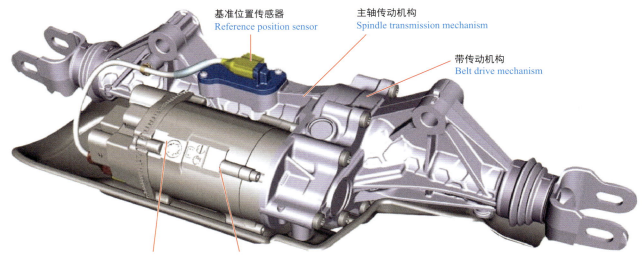

基准位置传感器
Reference position sensor

主轴传动机构
Spindle transmission mechanism

带传动机构
Belt drive mechanism

电源包：由电子控制单元和功率输出级构成
Power package: composed of electronic control unit and power output stage

带转子位置传感器的三相同步电机
Three-phase synchronous motor with rotor position

电机通过传动带驱动螺杆螺母。螺母转动使螺杆可以直线运动。转向横拉杆将这种直线运动传递到车轮支架上，车轮一同向右或向左转动（取决于电机的转动方向）。

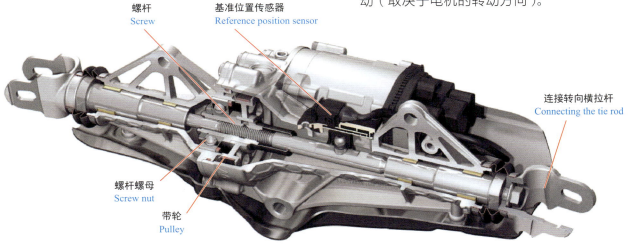

螺杆
Screw

基准位置传感器
Reference position sensor

连接转向横拉杆
Connecting the tie rod

螺杆螺母
Screw nut

带轮
Pulley

宝马Integral主动转向系统不再采用带叠加减速器的主动转向系统，而是被带可变齿条的电动机械式助力转向系统（运动型转向系统）和后桥侧偏角控制系统（HSR）所取代。根据车辆前端车桥负荷，在前桥上使用一个12V或一个24V转向系统。后桥侧偏角控制系统（HSR）基本上以12V电压工作。

第 7 章
汽车制动系统

7.1 制动器
7.2 助力器与电子驻车制动
7.3 电液制动系统
7.4 车身稳定系统

7.1 制动器

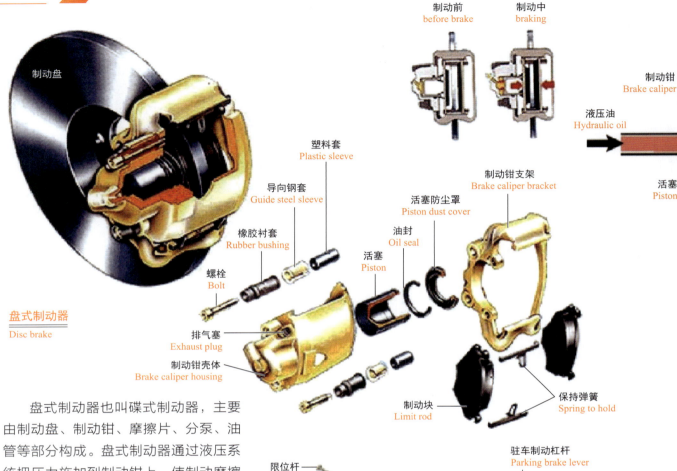

盘式制动器 Disc brake

盘式制动器也叫碟式制动器，主要由制动盘、制动钳、摩擦片、分泵、油管等部分构成。盘式制动器通过液压系统把压力施加到制动钳上，使制动摩擦片与随车轮转动的制动盘发生摩擦，从而达到制动的目的。

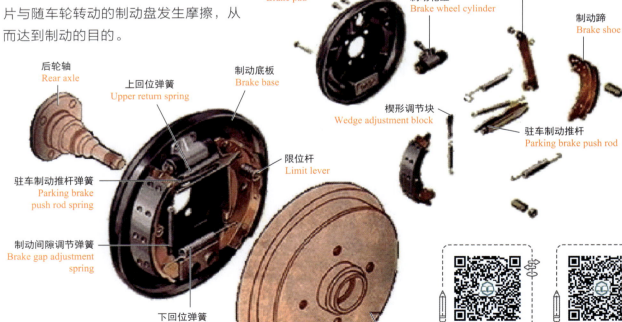

鼓式制动器 Drum brake

扫一扫看动画视频　　扫一扫看动画视频

第 7 章
汽车制动系统

驻车制动器也称手制动器、手动刹车，简称手刹，在车辆停稳后用于稳定车辆，避免车辆在斜坡路面停车时由于溜车造成事故。常见的手刹一般置于驾驶员右手下垂位置，便于使用。部分自动挡车型还在驾驶员左脚外侧设计了功能与手刹相同的脚刹。

扫一扫看动画视频

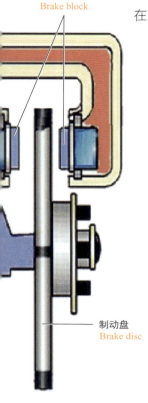

鼓式制动器摩擦副中的旋转元件为制动鼓，其工作表面为圆柱面。鼓式制动器主要包括制动轮缸、制动蹄、制动鼓、摩擦片、回位弹簧等部分。主要通过液压装置使摩擦片与随车轮转动的制动鼓内侧面发生摩擦，从而起到制动作用。

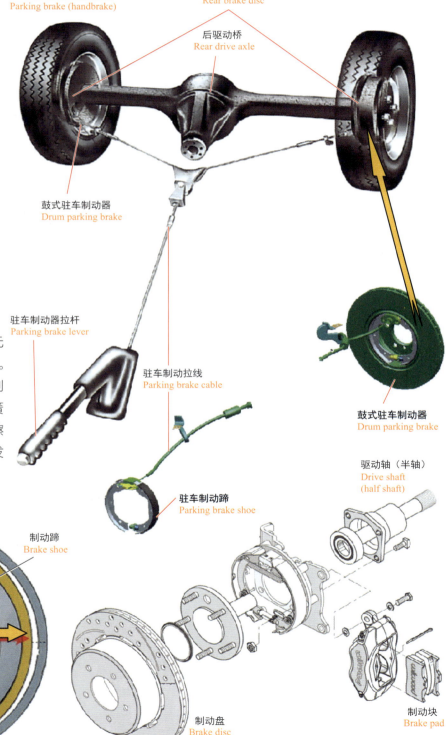

7.2 助力器与电子驻车制动

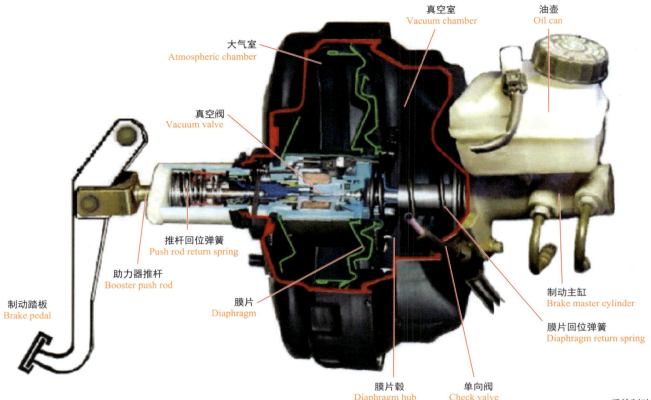

第 7 章
汽车制动系统

真空伺服气室由前、后壳体组成，两者之间夹装有伺服气室膜片，将伺服气室分成前、后两腔。一侧与大气连通，另一侧与发动机进气管连通，利用发动机工作时吸气形成的真空（负压）形成的推力，与踏板上施加的人力一起工作，从而达到提高液压，节省人力的目的。

电子驻车制动（Electrical park brake，EPB）也称"电子手刹"，EPB通过电子线路控制停车制动。EMF（驻车制动器）执行机构固定在制动钳上，直接对制动活塞施加作用。电机和传动带将作用力传递到两级行星齿轮箱上，然后通过螺杆接口驱动螺杆。

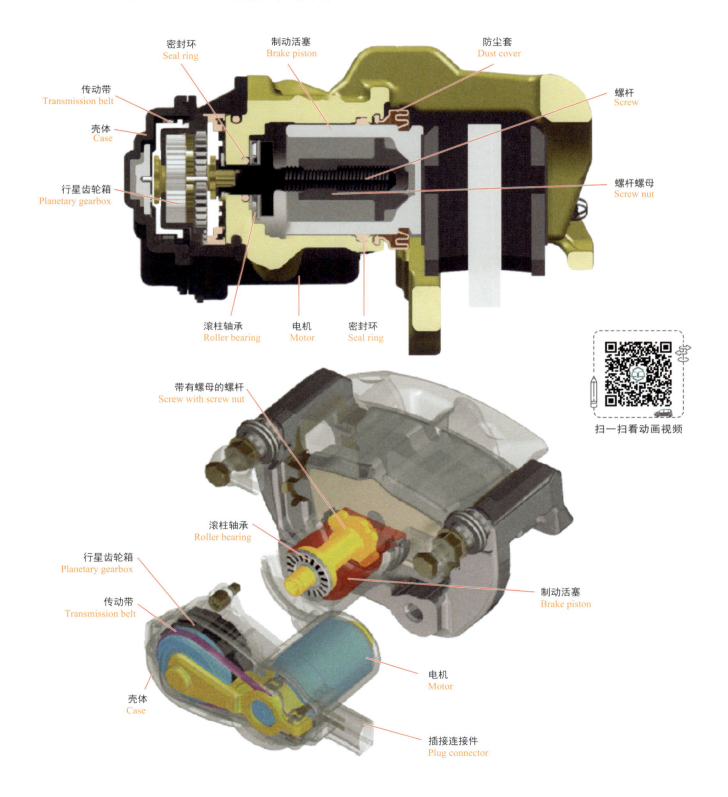

7.3 电液制动系统

液压制动是以人力为能源，以液体作为传动介质的一种制动形式。主要由制动踏板、制动主缸、制动轮缸和油管等组成。

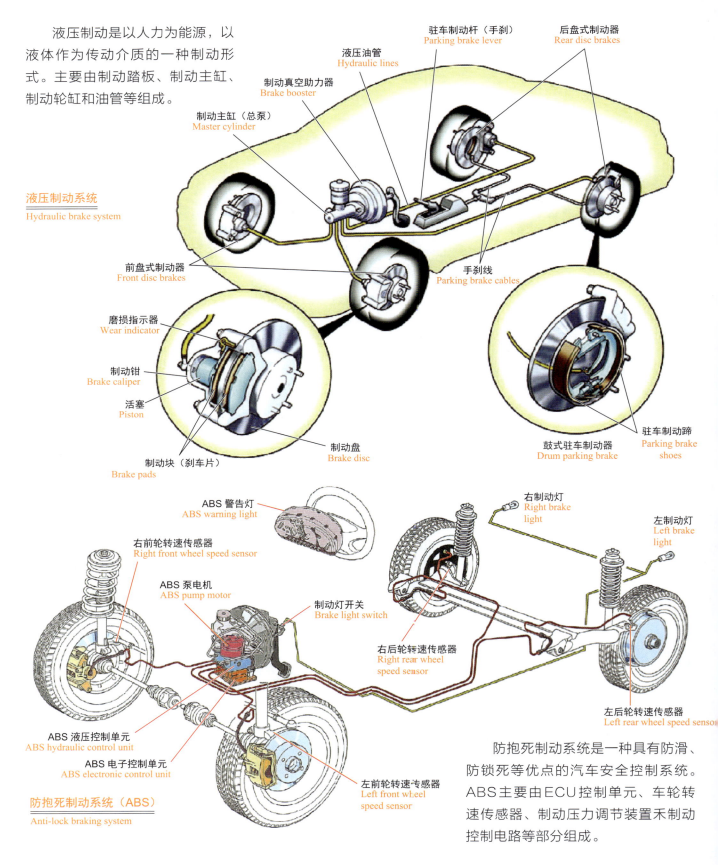

防抱死制动系统是一种具有防滑、防锁死等优点的汽车安全控制系统。ABS主要由ECU控制单元、车轮转速传感器、制动压力调节装置和制动控制电路等部分组成。

ABS控制单元不断从车轮速度传感器获取车轮的速度信号,并加以处理,进而判断车轮是否即将被抱死。ABS刹车制动的特点是当车轮趋于抱死临界点时,制动分泵压力不随制动主泵压力增加而增高,压力在抱死临界点附近变化。

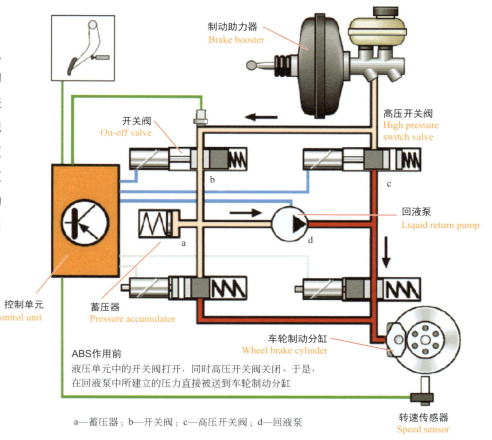

ABS作用前
液压单元中的开关阀打开,同时高压开关阀关闭。于是,在回液泵中所建立的压力直接被送到车轮制动分缸

a—蓄压器;b—开关阀;c—高压开关阀;d—回液泵

扫一扫看动画视频

如判断车轮没有抱死,制动压力调节装置不参加工作,制动力将继续增大;如判断出某个车轮即将抱死,ECU向制动压力调节装置发出指令,关闭制动缸与制动轮缸的通道,使制动轮的压力不再增大;如判断出车轮出现抱死拖滑状态,即向制动压力调节装置发出指令,使制动轮缸的油压降低,减小制动力。

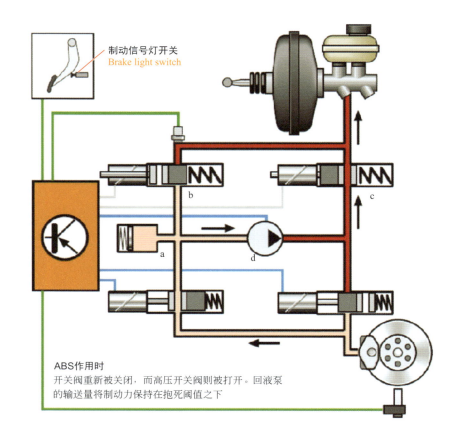

ABS作用时
开关阀重新被关闭,而高压开关阀则被打开。回液泵的输送量将制动力保持在抱死阈值之下

7.4 车身稳定系统

电子稳定程序（Electronic stability program，ESP）是博世（Bosch）公司的专利技术和注册商标，是为了进一步提高行车的主动安全性而发明的牵引力/制动力控制系统。博世ESP源于1983年，博世的工程师通过优化的ABS控制来增进车辆在全力制动时的稳定性。第九代ESP除了在原有车身稳定控制上精益求精，还为车辆增添众多实用的功能，如车道检测、碰撞预警、自适应巡航等。

扫一扫看动画视频

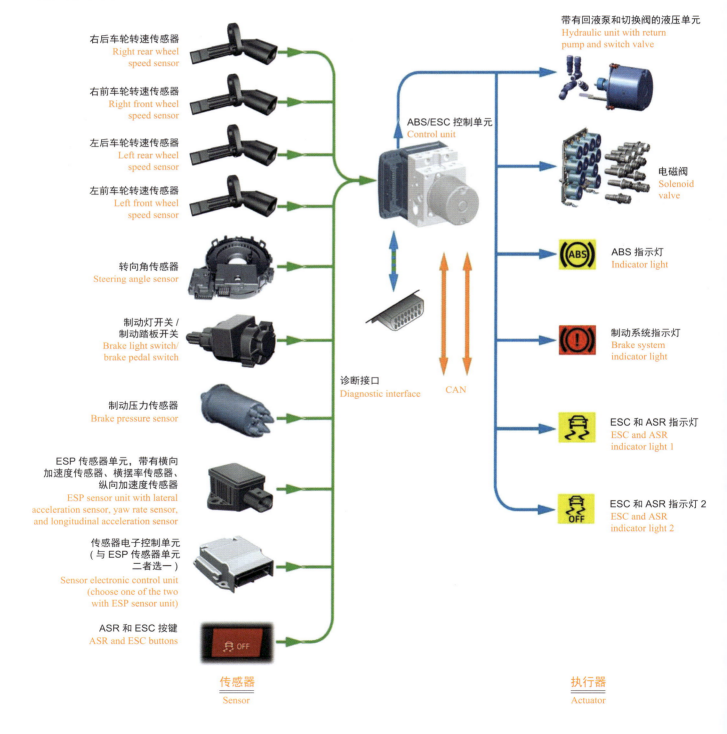

第 7 章
汽车制动系统

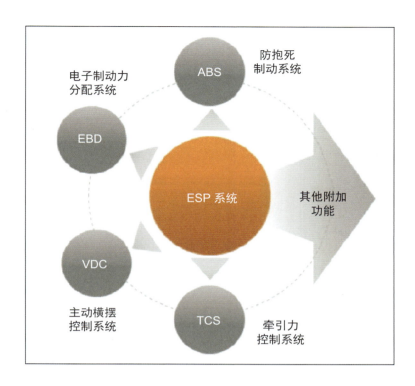

- HBA：液压制动器辅助
  Hydraulic brake assist
- HHC：上坡辅助
  Hill hold control
- CDP：针对驻车制动的减速度控制
  Controller deceleration parking
- HDC：陡坡缓降
  Hill descent control
- AVH：自动驻车
  Automatic vehicle hold

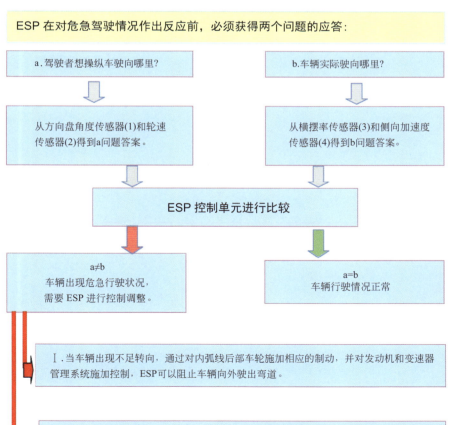

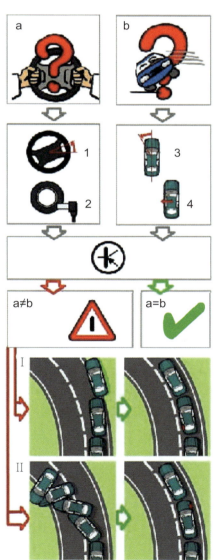

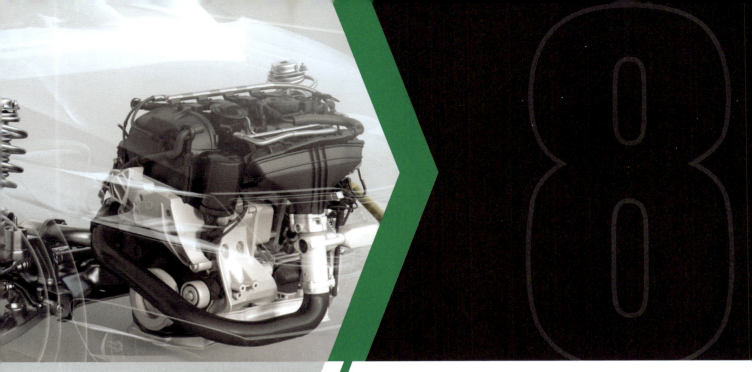

第 8 章
汽车车身

8.1 车身组成
8.2 车身形式
8.3 车身材料
8.4 车身饰件

第 8 章 汽车车身

8.1 车身组成

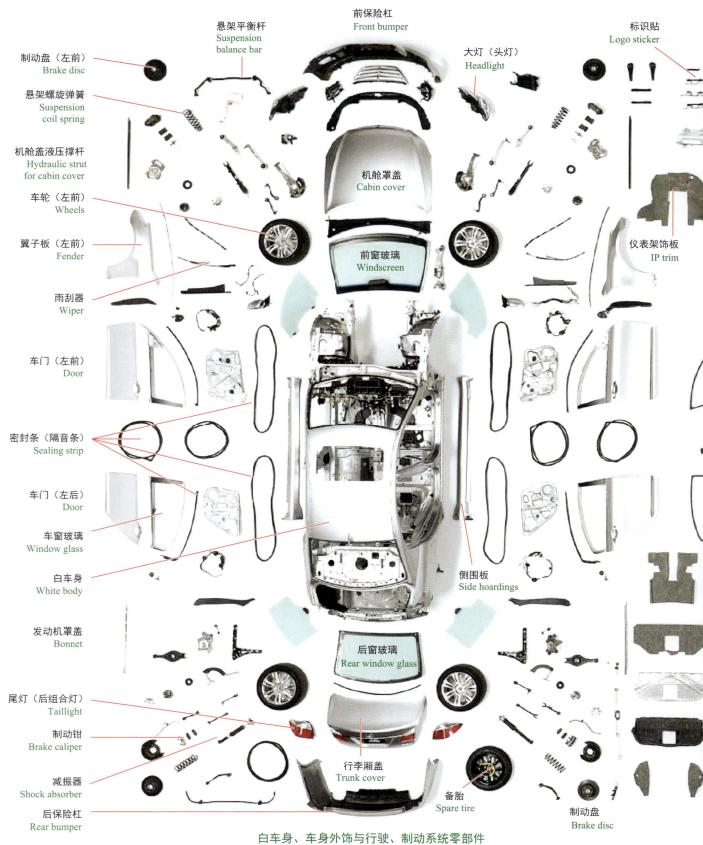

白车身、车身外饰与行驶、制动系统零部件
Body-in-white, body exterior and driving, braking system parts

第8章
汽车车身

车身指的是车辆用来载人装货的部分，安装于车辆底盘之上，包括车门、车窗、机舱、座舱、货舱等。轿车与客车的车身一般为一体式结构，货车车身则常分为驾驶室与车厢两部分。

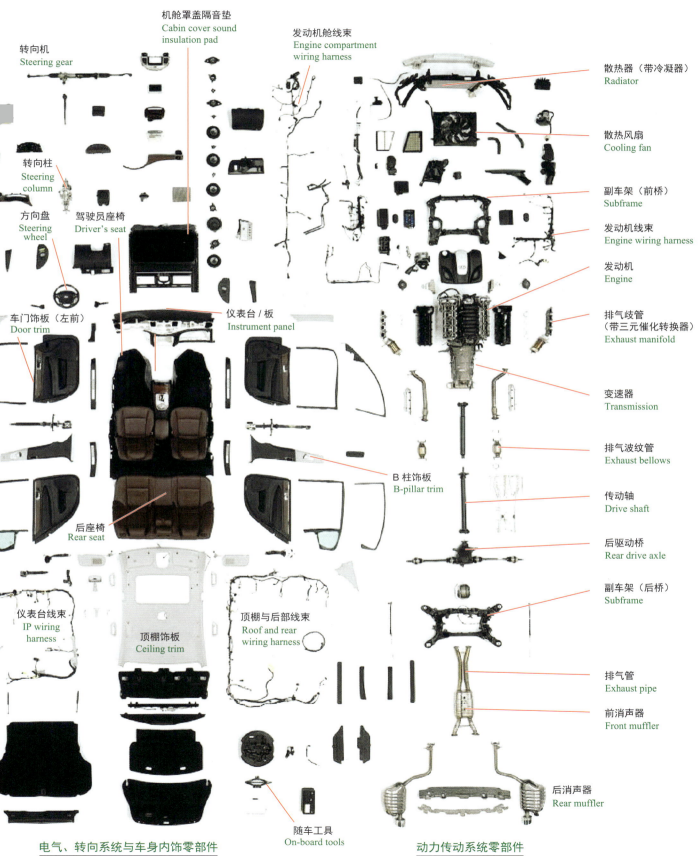

8.2 车身形式

非承载式车身（皮卡）
Non-loaded body (pickup)

底盘传动系统
Chassis drivetrain

发动机
Engine

底盘行驶系统与车架
Chassis running system and frame

采用非承载式车身的汽车，其发动机、传动系统、车身的总成部分是固定在一个刚性车架上的，车架通过前后悬架装置与车轮相连。高性能SUV、越野车、皮卡及客货车一般采用这种车身结构。

固定在车架上的动力总成
Powertrain fixed to the frame

固定在车身上的悬架
Suspension fixed to the body

与车身的连接点
Connection point to the body

非承载式车身
Non-carrying body

第 8 章
汽车车身

承载式车身的汽车没有刚性车架，只是加强了车头、侧围、车尾、底板等部位，发动机、前后悬架、传动系统的一部分等总成部件装配在车身上设计要求的位置，车身负载通过悬架装置传给车轮。这种承载式车身除了其固有的承载功能外，还要直接承受各种负荷力的作用。承载式车身具有质量小、高度低、装配容易等优点，因此大部分的轿车都采用这种车身结构。

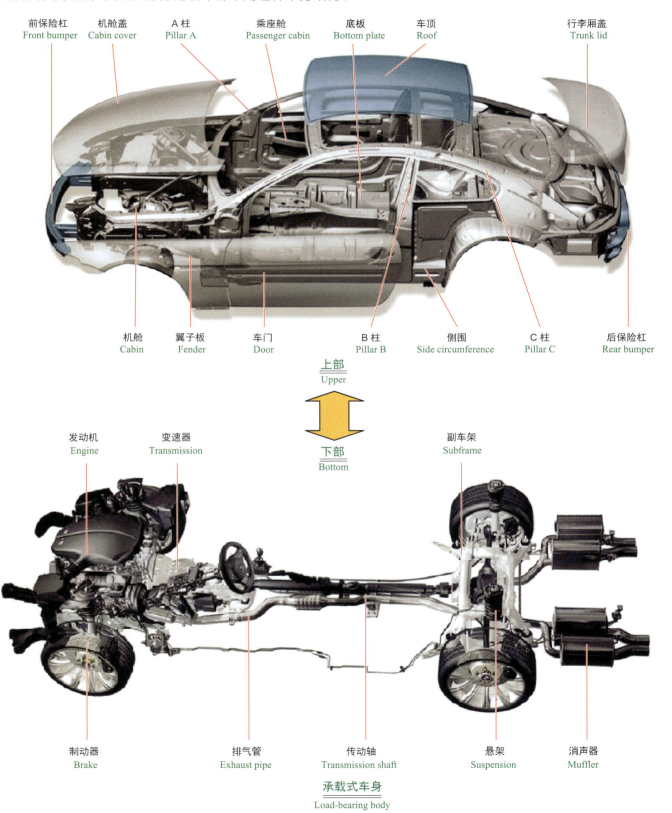

承载式车身
Load-bearing body

8.3 车身材料

白车身（Body in white）是指车身结构件及覆盖件焊接总成，并包括前翼板、车门、发动机罩、行李厢盖，但不包括附件及装饰件的未涂漆的车身。

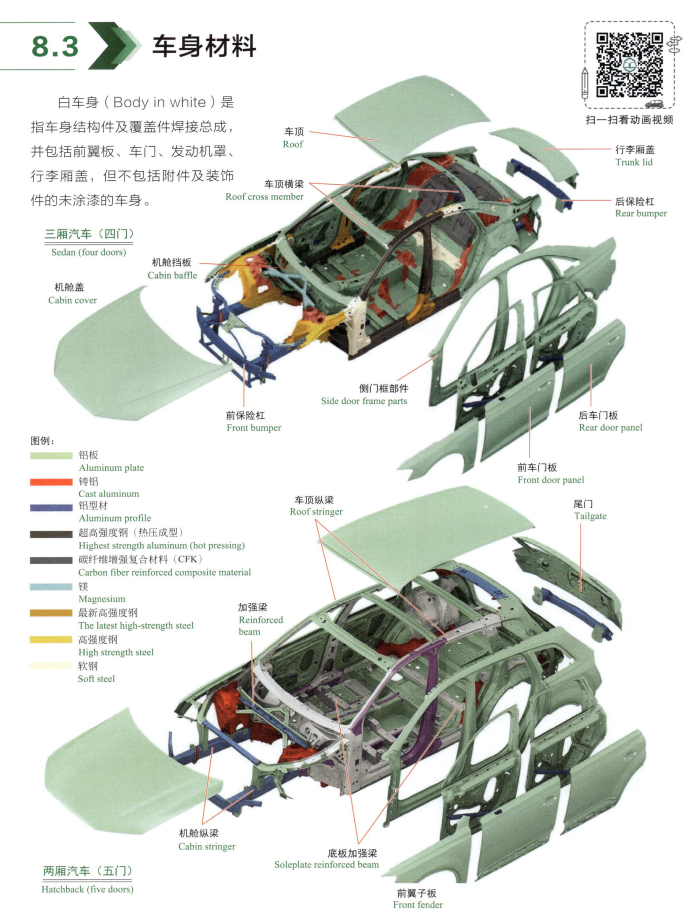

第 8 章
汽车车身

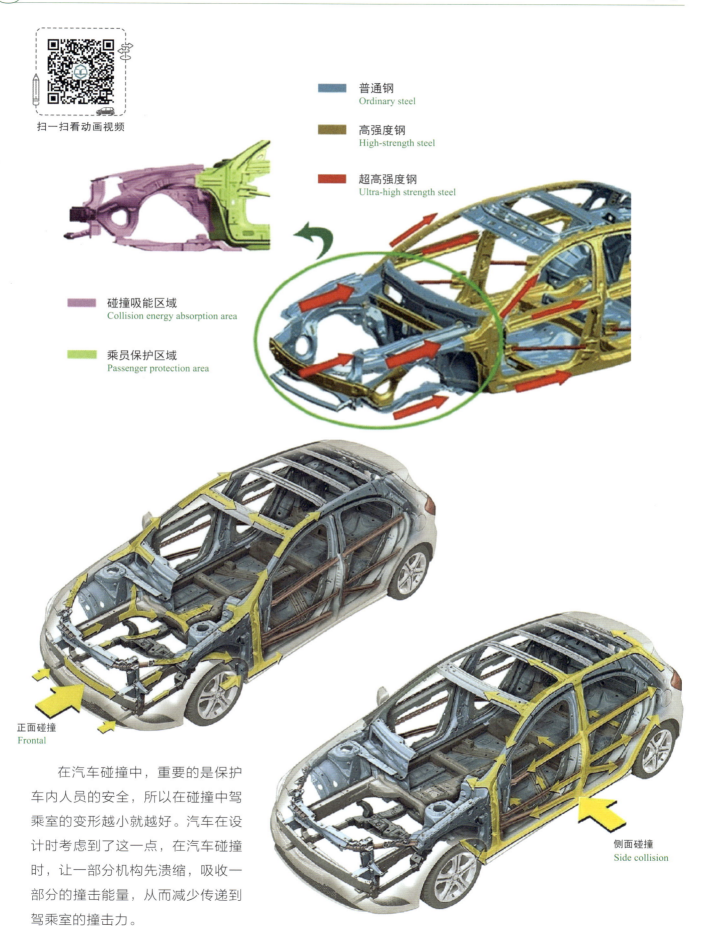

- 普通钢 Ordinary steel
- 高强度钢 High-strength steel
- 超高强度钢 Ultra-high strength steel
- 碰撞吸能区域 Collision energy absorption area
- 乘员保护区域 Passenger protection area

正面碰撞 Frontal

侧面碰撞 Side collision

在汽车碰撞中，重要的是保护车内人员的安全，所以在碰撞中驾乘室的变形越小就越好。汽车在设计时考虑到了这一点，在汽车碰撞时，让一部分机构先溃缩，吸收一部分的撞击能量，从而减少传递到驾乘室的撞击力。

8.4 车身饰件

后保险杠罩
Rear bumper cover

车顶行李架（旅行车、SUV、越野车选配）
Roof rack

前保险杠罩
Front bumper cover

格栅
Grille

防擦条/装饰条
Anti-scratch strips/decorative strips

天窗模块（选配）
Sunroof module

厂商/车型/性能标识
Manufacturer/model/performance marking

玻璃盖板
Glass panel

滑动/外翻机械机构
Slide/tilt mechanism

挡风板
Wind deflector

滑动天窗电机/遮阳卷帘盖板
Cover for sliding sunroof motor/roll-up sunblind

前护板（塑料）
Front trim (plastic)

滑动天窗框架（塑料）
Sliding sunroof frame (plastic)

遮阳卷帘
Roll-up sun-blind

滑动天窗电机
Sliding sunroof motor

滑杆导向件框架
Lifting arm guide frame

汽车外部饰件
Car exterior parts

汽车外部饰件主要指前后保险杠、轮眉、格栅、散热器装饰罩、防擦条等通过螺栓或卡扣及双面胶条连接在车身上的部件。外部饰件在车身外部主要起装饰保护作用。

扫一扫看动画视频

第 9 章
汽车电气

9.1　汽车电源
9.2　汽车仪表开关
9.3　汽车照明系统
9.4　汽车电动装置
9.5　汽车空调
9.6　汽车车机
9.7　汽车电路

第9章 汽车电气

9.1 汽车电源

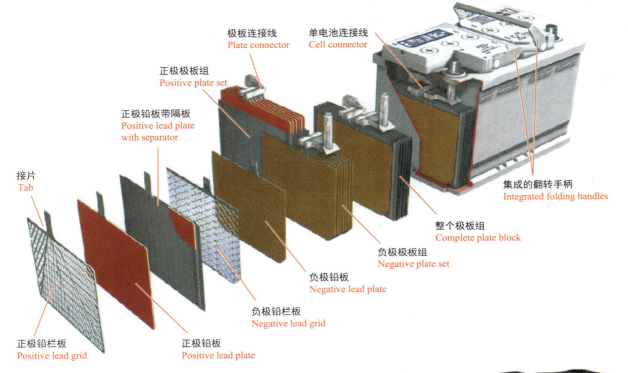

扫一扫看动画视频

汽车电源系统主要由蓄电池、发电机和电压调节器等组成。发电机负责对电池进行充电，使电池长期保持在足电状态。电池和发电机负责对全车的电器进行供电。

铅酸电池中的正极（PbO_2）和负极（Pb）浸入电解液（稀硫酸）中，当电池连接到外部电路进行放电时，稀硫酸会与阴极和阳极板上的活性物质发生反应，生成新的化合物硫酸铅。硫酸成分通过放电从电解液中释放出来，充电时阳极板和阴极板上产生的硫酸铅会分解还原为硫酸、铅和过氧化铅，电池中电解液的浓度会逐渐增加，逐渐恢复到放电前的浓度。当两极的硫酸铅还原成原来的活性物质，充电结束，阴极板就会产生氢气。

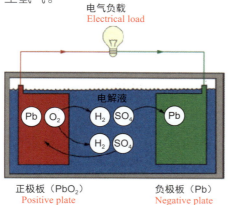
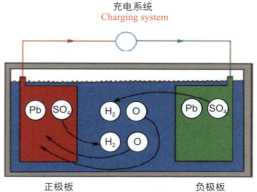

汽车发电机一般为交流发电机，是汽车的主要电源，其功用是在发动机正常运转时（怠速以上），向所有用电设备（起动机除外）供电，同时向蓄电池充电。

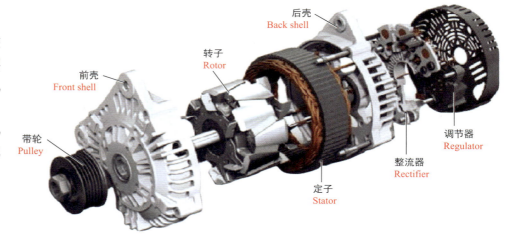

扫一扫看动画视频

继电器是自动控制电路中常用的一种元件，它是利用电磁感应原理以较小的电流来控制较大电流的自动开关，在电路中起着自动操作、自动调节、安全保护等作用。继电器按接通及断开方式可分为：常开继电器、常闭继电器和常开常闭混合型继电器。

保险丝是熔断器的俗称，也可以叫作熔丝，是一种连接在电路上用以保护电路的一次性元件，当电路上电流过大时，其中的金属线或片因高温而熔断，导致开路而中断电流，以保护电气元件。

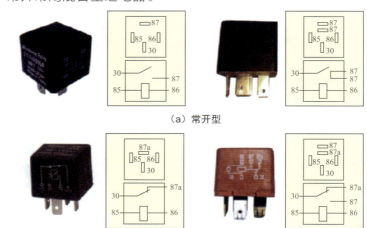

9.2 汽车仪表开关

汽车组合仪表是反映车辆各系统工作状况的装置，为驾驶员提供所需的汽车运行参数信息。早期的汽车多应用机械式组合仪表，现在的汽车特别是新能源汽车都应用电子液晶式仪表，有的车型将仪表功能融合进中控屏里边，从而在配置上取消了组合仪表。

机械（模拟）式组合仪表
Mechanical (analog) combination instrument

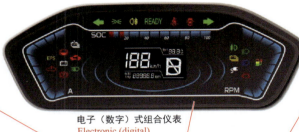

电子（数字）式组合仪表
Electronic (digital) combination instrument

多功能方向盘在方向盘两侧或者下方设置了一些功能键，让驾驶员更方便操作。这些按钮包括巡航设置、音响调节、车载电话、车辆参数设置等。

多功能方向盘
Electronic (digital) combination

组合开关
Combination switch

汽车组合开关安装于转向管柱上，方向盘下方，便于行车中操作。右边为雨刮器与洗涤器控制开关，左边为灯光控制开关。

电动座椅调节按钮一般位于座椅外侧塑料面板上，也有的安装在驾驶员侧车门装饰面板上。

大灯开关
Headlight switch

汽车前大灯开关可以调节大灯工作模式如手动、自动、近光、远光、小灯等，有的还集成了雾灯开关。

座垫调节按钮：上下扳动调节高低，前后扳动可调节腿部空间距离。

第 9 章
汽车电气

汽车空调控制面板按类型分为手动和自动两种，一般用来调节工作模式如制冷、取暖、通风，调节温度高低，调节循环气流大小及分布。

手动空调控制面板开关
Manual air conditioning control panel switch

自动空调控制面板开关
Automatic air conditioning control panel switch

车顶控制台（天窗开关、灯光开关等）
Roof console

驾驶模式开关
Driving mode switch

车顶控制台安装于中控台即副仪表台正上方，用于操作天窗、遮阳帘、内部小灯照明等开关。

电动外后视镜调节开关
Electric external rearview mirror adjustment switch

电动外后视镜折叠开关
Electric external rearview mirror folding switch

电动车窗升降控制开关
Power window lift control switch

靠背调节按钮：上下按动可以调节靠背倾斜角度。

腰托调节按钮：上下按动可以调节托靠高度位置，前后按动可以调节托靠与腰部的结合度。

电动座椅调节按钮
Electric seat adjustment button

中控锁开关
Central control lock switch

驾驶员侧开关模块集成了电动车窗、中控门锁与电动外后视镜调节等功能。

驾驶员侧车窗开关
Driver's side window switch

9.3 汽车照明系统

汽车灯具按照功能可分为照明灯和信号灯。用于车外照明的照明灯主要有前照灯（也称大灯或头灯，分近光灯和远光灯）、前后雾灯、倒车灯、牌照灯，用于车内照明的照明灯主要有顶灯、化妆灯、门槛灯、手套箱灯、门内把手灯、行李厢灯等。作信号用的灯光大都安装于汽车外部如转向灯、制动灯、日间行车灯、示宽灯、危险警报灯（双闪灯）等。此外，还有一种灯光既不作照明也不作信号用只用于衬托车内氛围，叫作氛围灯。

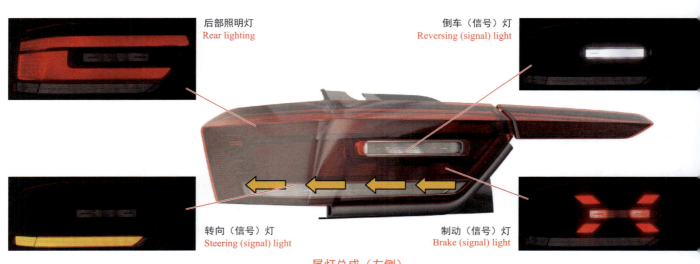

尾灯总成（左侧）
Taillight assembly (left side)

氙气大灯的全称是HID（High intensity discharge lamp），即高压气体放电灯，在石英灯管内填充高压惰性气体——氙气Xenon，取代传统的灯丝，在两段电极上有水银和碳素化合物，透过安定器以23000V高压电流促使氙气发光。

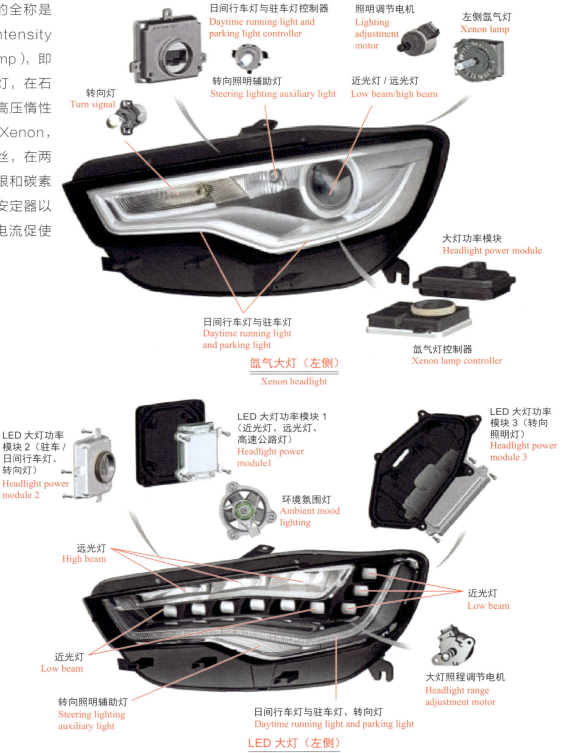

氙气大灯（左侧）
Xenon headlight

LED大灯（左侧）
LED headlight

LED（Light emitting diode）即发光二极管，是一种电致发光器件，利用固体半导体芯片作为发光材料，通过载流子发生复合引起光子发射而直接发光。LED大灯就是利用LED作为光源制造出的照明器具。

扫一扫看动画视频

9.4 汽车电动装置

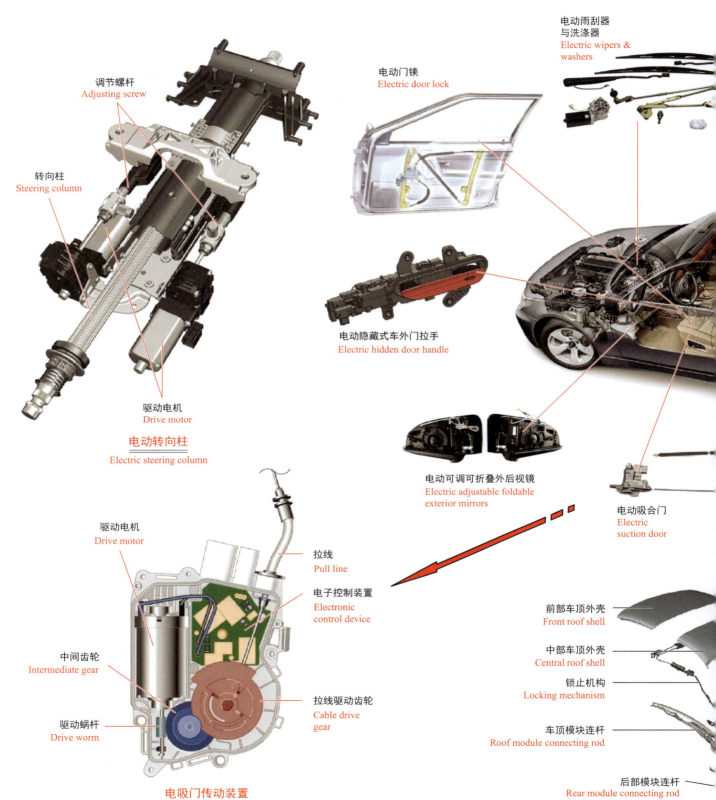

第9章
汽车电气

车身电器装置中有不少是使用电动机作为执行器驱动工作的，如电动门锁、电动车窗、电动天窗、电动座椅、电动后视镜、雨刮器与洗涤器、电动转向柱调节装置、电吸门装置、电动隐形门拉手、电动尾门/滑门/翼门、电动折叠车顶等。

9.5 汽车空调

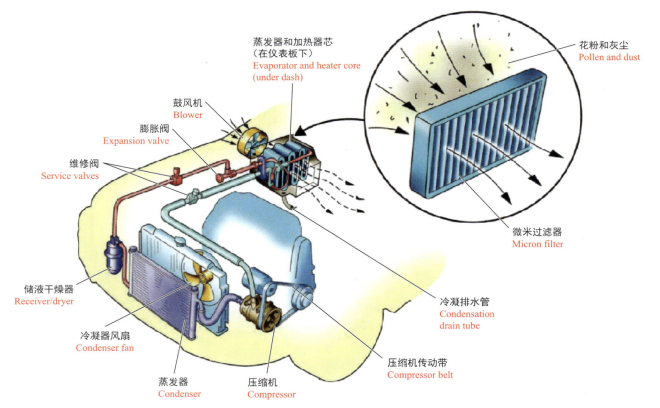

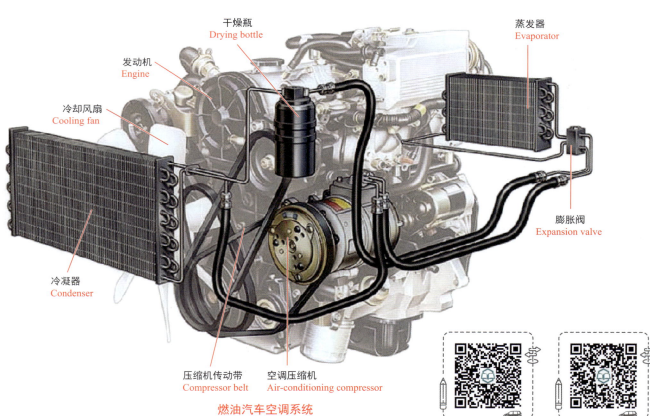

燃油汽车空调系统
Fuel vehicle air conditioning system

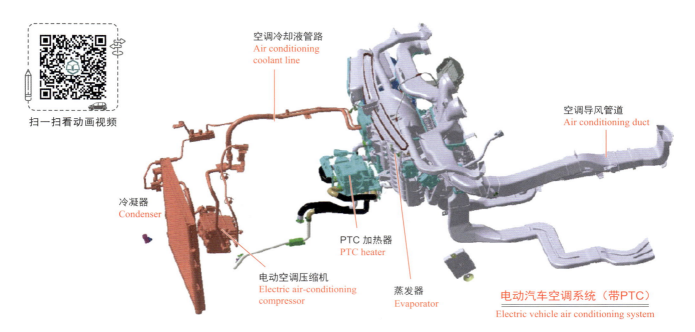

电动汽车空调系统（带PTC）
Electric vehicle air conditioning system

汽车空调是对乘客舱内空气进行制冷、加热、换气及净化的装置。纯电动汽车没有发动机作为空调压缩机的动力源，也没有发动机余热可以利用以达到取暖、除霜的效果。对于电动汽车来说目前主要用电动压缩机制冷，电动汽车空调系统暖风则采用PTC加热器。PTC加热器是用PTC热敏电阻元件作为发热源的一种加热器。

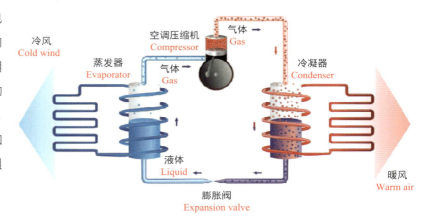

热泵空调使用热泵制热，比PTC制热的效果更好，也更节省电能。热泵的工作原理类似制冷的反过程，也就是把车外的热量通过循环转换"搬运"到车内。

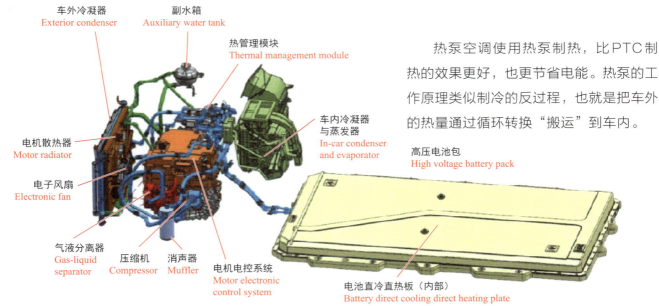

电动汽车空调系统（带热泵）
Electric vehicle air conditioning system

9.6 汽车车机

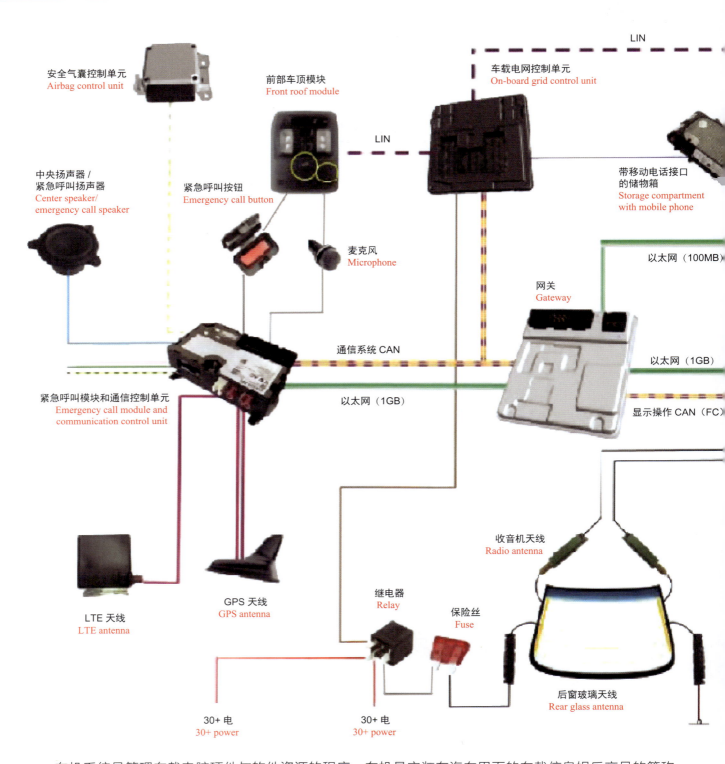

车机系统是管理车载电脑硬件与软件资源的程序，车机是安装在汽车里面的车载信息娱乐产品的简称，车机在功能上能够实现人与车、车与外界（车与车）的信息通信。目前车机的功能除传统的收音机、音频视频播放、导航功能以外，还带有4G及Telematics（车联网）功能，能结合汽车的CAN-BUS技术，实现人与车、车与外界的信息通信，增强用户体验及服务。

第 9 章
汽车电气

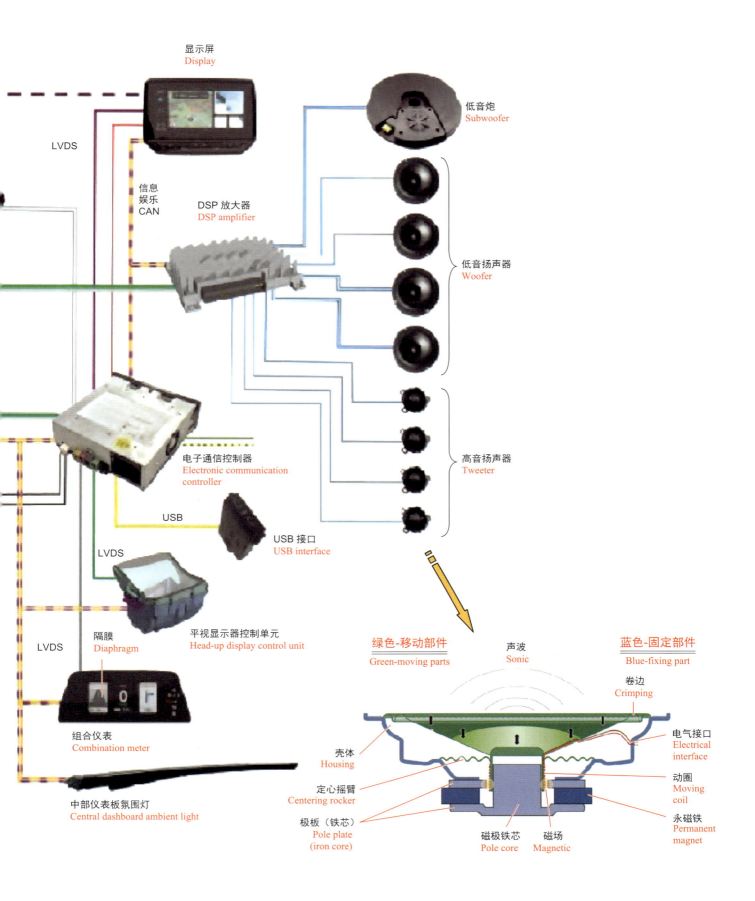

9.7 汽车电路

现代汽车所装备的电气系统，按其用途可大致归纳并划分为四部分，即电源系统（包括蓄电池、发电机及配电器等）；用电系统（按电气性质可分为电动装置如电动门锁、电动车窗、电动座椅等，电热装置如座椅加热、点烟器、除霜器等，电声装置如扬声器等，电磁装置如无线充电器、电吸门等）；电控系统（按系统总成可分为动力、底盘、车身电气、智能系统四大类）；网联系统（包括车载网络总线系统、车联网系统、通信网络系统等）。

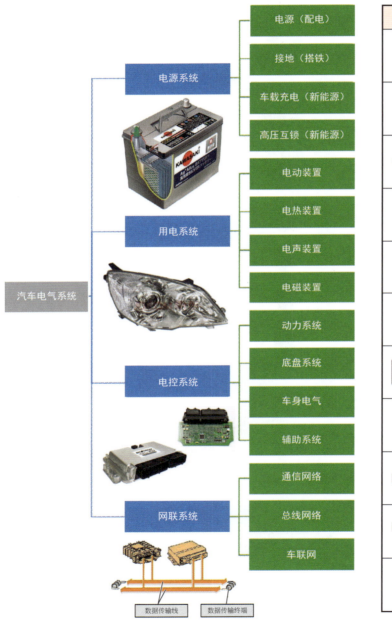

汽车电路图是用国家标准规定的线路符号，是对汽车电器的构造组成、工作原理、工作过程及安装要求所作的图解说明，也包括图例及简单的结构示意图。根据汽车电路图的不同用途，可绘制成不同形式的电路图，主要有原理方框图、电路原理图和线束分布图。

第9章 汽车电气

任何一个完整的电路都由电源、用电器、开关、导线等组成，对于直流电路而言，电流总是要从电源的正极出发，通过导线，经熔断器、开关到达用电器，再经过导线（或搭铁）回到同一电源的负极，这样构成一个完整的回路。

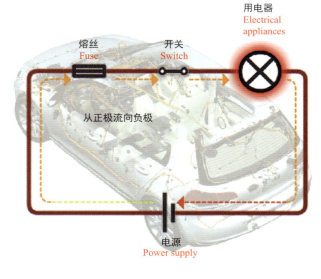

实物	电路符号	实物
	发光二极管	
	电阻	
	可变电阻	
	起动机	
	多挡手动开关	车灯开关
	氧传感器	
喷油器	扬声器	
刮水器电动机	蓄电池	
	火花塞和火花塞插头	
发动机控制单元引脚图	点火线圈	
	手动开关 接线插座	

汽车电路图利用各种图形符号来表示各种电器部件与线路连接方式。

在汽车电路中，常见的导线有三种类型：第一种是不带屏蔽的标准线，用于一般电路的连接；第二种是双绞线，这种导线可以靠自身来抵抗外来干扰及相互之间的串音，主要用于如CAN总线、音频传输线路；第三种是带信号屏蔽层的导线，这种线可以将辐射降低到一个范围内，防止辐射进入导线内部，形成干扰，其应用如音频信号线。

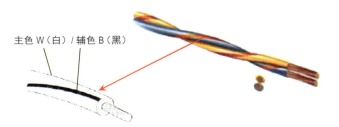

汽车线束通过表皮颜色进行区分，有的导线是单色线，有是双色线，即在一种颜色的基础上还有一种别的颜色，在电路图中，导线的颜色用颜色名称的缩写（一般为首字母）来表示，双色线用主色/辅色方式表示。

颜色	白色	黑色	红色
英文	white	black	red
缩写	W	B	R
颜色	绿色	蓝色	橙色
英文	green	blue	orange
缩写	G	L	O
颜色	棕色	黄色	灰色
英文	brown	yellow	gray
缩写	Br	Y	Gr

第 10 章
汽车安全防护系统

10.1 辅助约束系统

10.2 汽车防盗系统

10.1 辅助约束系统

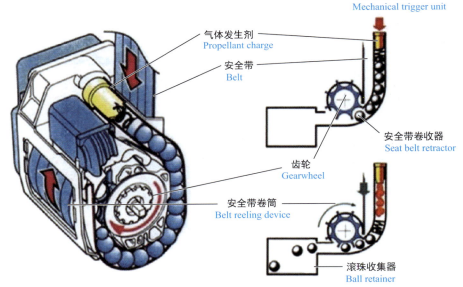

扫一扫看动画视频

安全带卷轴与齿轮刚性连接在一起，齿轮由球来驱动，球存放在存放管内，点燃燃料后产生膨胀气体推动小球移动。

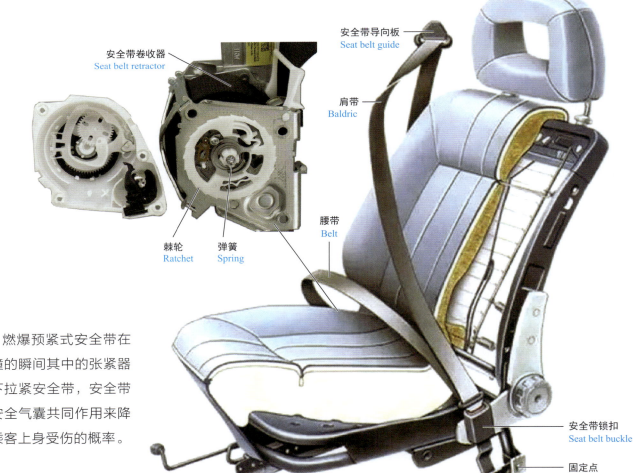

燃爆预紧式安全带在碰撞的瞬间其中的张紧器向下拉紧安全带，安全带和安全气囊共同作用来降低乘客上身受伤的概率。

第10章 汽车安全防护系统

汽车安全气囊系统，又称辅助约束系统（Supplemental inflatable restraint system，SRS），是指安装在汽车上的充气软囊，在车辆发生撞击事故的瞬间弹出，以达到缓冲的作用，保护驾驶员和乘客的安全。安全气囊一般由传感器（Sensor）、电控单元（ECU）、气体发生器（Inflator）、气囊（Bag）、续流器（Clockspring）等组成，通常将气体发生器和气囊等做在一起构成气囊模块（Airbagmodule）。传感器感受汽车碰撞强度，并将感受到的信号传送到控制器，控制器接收传感器的信号并进行处理，当它判断有必要打开气囊时，立即发出点火信号以触发气体发生器，气体发生器接收到点火信号后，迅速点火并产生大量气体给气囊充气。

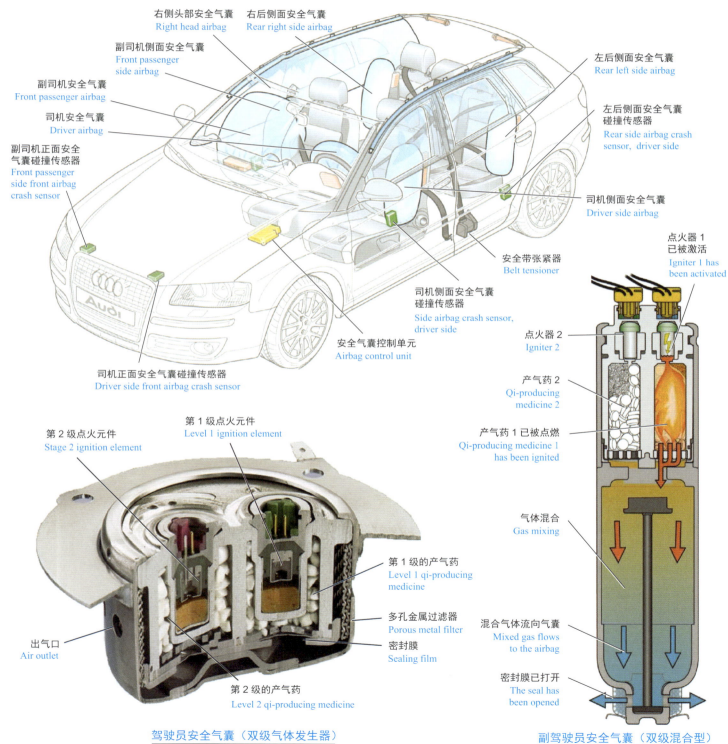

驾驶员安全气囊（双级气体发生器）
Driver airbag

副驾驶员安全气囊（双级混合型）
Co-pilot airbag

10.2 汽车防盗系统

汽车上的防盗系统可分为以下几类：发动机防盗锁止系统（IMMO，Immobilization）、遥控门锁（RKE，Remote keyless entry）、无钥匙进入及启动系统（PEPS，Passive entry passive start）。目前以IMMO和RKE在原车中的应用最为广泛。

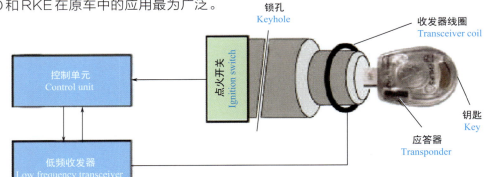

IMMO主要通过将加密的芯片置于钥匙中，在开锁的过程中，通过车身的射频收发器验证钥匙是否匹配来控制发动机。

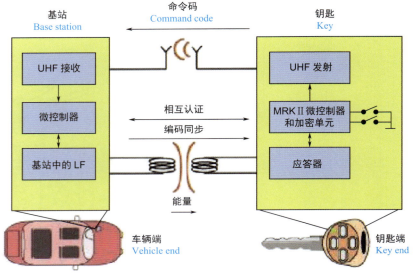

RKE是通过按下钥匙上的按钮，钥匙端发出信号，信号中包含相应的命令信息，汽车端天线接收电波信号，经过车身控制模块BCM认证后，由执行器实现启/闭锁的动作。

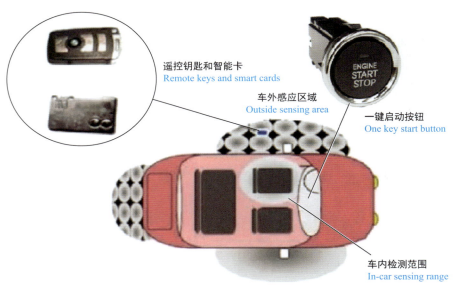

无钥匙进入及启动系统（PEPS）是在RKE基础之上发展起来的，其采用RFID技术，类似于智能卡。当驾驶者踏进指定范围时，该系统会进行识别判断，如果是合法授权的驾驶者则自动开门。上车之后，驾驶者只需要按一个按钮即可启动点火开关。

第10章 汽车安全防护系统

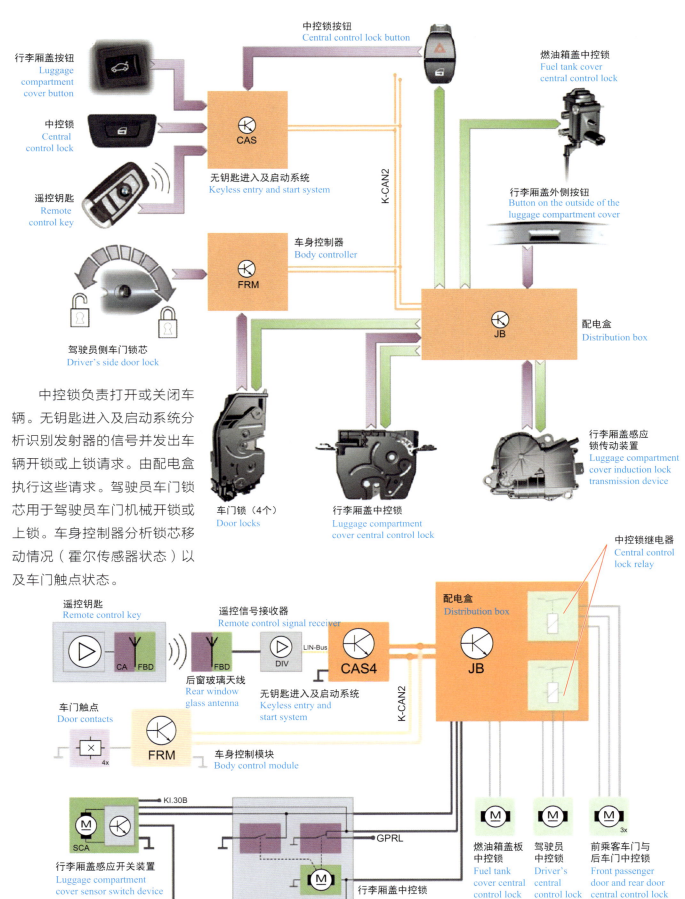

中控锁负责打开或关闭车辆。无钥匙进入及启动系统分析识别发射器的信号并发出车辆开锁或上锁请求。由配电盒执行这些请求。驾驶员车门锁芯用于驾驶员车门机械开锁或上锁。车身控制器分析锁芯移动情况（霍尔传感器状态）以及车门触点状态。

第 11 章
汽车自动驾驶系统

11.1 汽车驻车辅助
11.2 汽车行驶辅助
11.3 汽车视觉辅助
11.4 汽车安全辅助
11.5 汽车无人驾驶

11.1 汽车驻车辅助

倒车雷达（Parking distance control，PDC）全称叫"倒车防撞雷达"，也叫"泊车辅助装置"，是汽车泊车或者倒车时的安全辅助装置，由超声波传感器（俗称探头）、控制器和显示器（或蜂鸣器）等部分组成。

扫一扫看动画视频

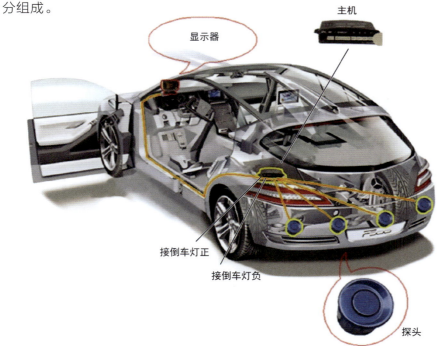

倒车雷达利用超声波信号，经倒车雷达主机内微电脑的处理，从（雷达）探头的发射与障碍物反射接收信号过程中，对比信号折返时间而计算出车与障碍物的距离，然后由显示器显示距离值，并经报警器发出不同频率的报警声以提示驾驶者。

倒车影像又称泊车辅助系统，或称倒车可视系统、车载监控系统等。该系统广泛应用于各类大、中、小车辆倒车可行车安全辅助领域。

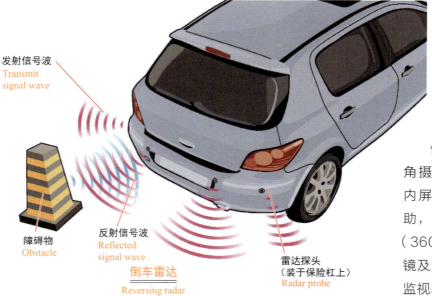

倒车影像系统通过车尾的远红外线广角摄像装置，把后方路面情况显示在车内屏幕上，配合雷达及屏幕引导线等辅助，使泊车更方便安全。配置全景影像（360°影像）系统的车型在左右外后视镜及前格栅车标位置还会安装摄像头分别监视车辆左右侧及前方的环境状况。

第 11 章
汽车自动驾驶系统

自动泊车系统就是不用人工干预，自动停车入位的系统。自动泊车系统主要由功能按钮、前后左右侧的超声波传感器以及控制系统的控制单元组成。

中控屏（位于仪表台中上部位）
Central control screen

倒车摄像头（一般在牌照灯位置）
Reversing camera

后视摄像头
Rear view camera

扫一扫看动画视频

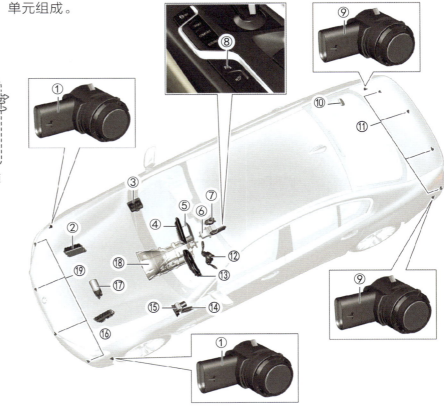

1—前侧用于搜索停车位的超声波传感器；2—发动机控制器；3—车身控制器；4—中央信息显示屏；5—车机；6—碰撞和安全模块；7—控制器CON；8—泊车辅助按钮；9—后侧超声波传感器；10—驻车辅助控制单元；11—后部超声波传感器；12—转向柱开关中心；13—组合仪表；14—驾驶辅助系统（选配）；15—动态稳定控制系统；16—发动机控制器2；17—电子助力转向系统；18—变速器电子控制系统；19—前部超声波传感器

自动泊车系统既可以在垂直车位泊车，也可以在平行车位泊车；既可使车辆部分或全部停在路沿上，也可在其他障碍物（树、灌木丛或摩托车）之间停车。此外还能帮助车辆驶出泊车位。

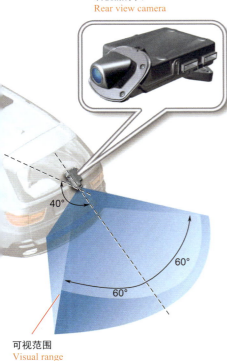

可视范围
Visual range

倒车影像
Reversing monitoring

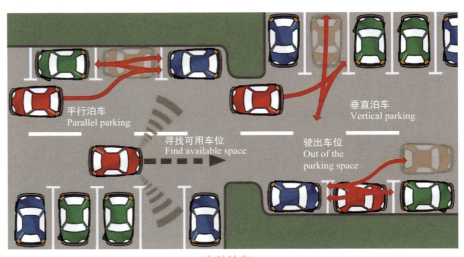

平行泊车 Parallel parking
垂直泊车 Vertical parking
寻找可用车位 Find available space
驶出车位 Out of the parking space

自动泊车
Automatic parking

11.2 汽车行驶辅助

ACC 系统是在定速巡航装置的基础上不断发展而来的。雷达技术用来实现 ACC 基本功能。发射出去的雷达波束碰到物体表面后会被反射回来。从发射信号到接收到反射信号所需要的时间取决于物体之间的距离。图 B 中的距离是图 A 中的两倍。那么图 B 中反射信号到达接收器所需时间就是图 A 中的两倍。

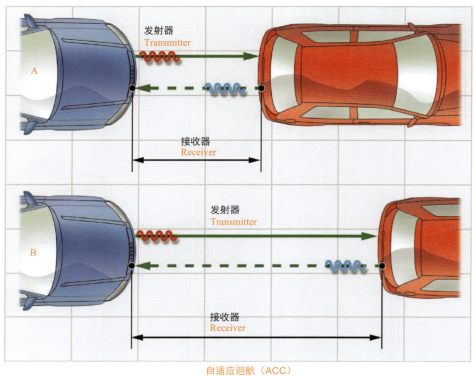

自适应巡航（ACC）
Adaptive cruise control

BAS 系统使用前视摄像头单元衡量与前方行驶车道内的车辆距离：如果有碰撞发生的危险，控制模块通过 CAN 通信发出视觉警告信号和蜂鸣警告信号到组合仪表；如果驾驶员不施加制动，控制模块发送一个紧急制动请求到 ABS 控制单元；ABS 执行器施加制动力到制动器，并将尽快缓慢地停车。

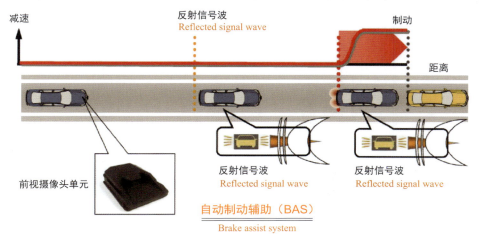

自动制动辅助（BAS）
Brake assist system

交通拥堵辅助系统，ACC 功能的拓展版，由 ACC 自适应巡航、预碰撞安全系统（Front assist）和车

交通拥堵辅助（TJA）
Traffic jam assistant

车道保持辅助系统借助部摄像头进行车道识别，过修正转向干预，帮助车在各种行车状况下保持在道内。如果道路上有车道线，或者车道与车道标线间存在足够明显的对比，可识别道路走向；为驾驶提供关于车道保持辅助系工作状态的视觉信息；实

车道保持辅助

持系统共同实现，可以跟CC一样走走停停，但增加轻微转向调整的功能。

自动变道辅助是基于车道保持辅助系统而扩展出来的辅助驾驶系统，当车辆处于畅通的高速路段行驶时，一旦车速超过设置速度后，驾驶员按下转向灯拨杆，系统就会自动监测判断行驶环境，辅助驾驶员变道驶入相邻车道内。

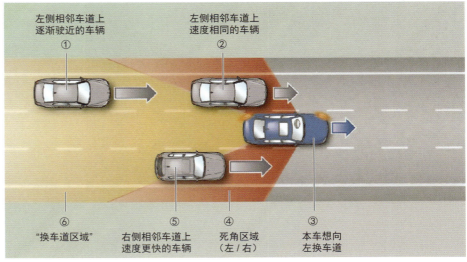

自动变道辅助（ALC）
Auto lane change

正性或者辅助性的转向干；如果车道保持辅助系统的向干预不足以修正转向，则通过使方向盘振动的方式警驾驶员；如果驾驶员松开方盘超过设定的时间，则会向驶员发出一个视觉和声音警（方向盘离手识别）；当驾员有意变道，例如超车时，统功能将受限。

遥控驾驶功能，可以为狭窄通道和车位处通行与泊车提供便利。通过显示屏钥匙上的触摸显示屏和遥控驻车按钮进行遥控移车操作。必须在整个移车过程中按住遥控移车按钮，否则不会启动停车入位过程或在松开按钮时会对车辆进行紧急制动（之后会挂入电动驻车制动器）。终止车辆与显示屏钥匙之间的数据传输也会启动制动功能直至车辆静止，因为显示屏钥匙与车辆之间的数据传输只能在近距离内完成。

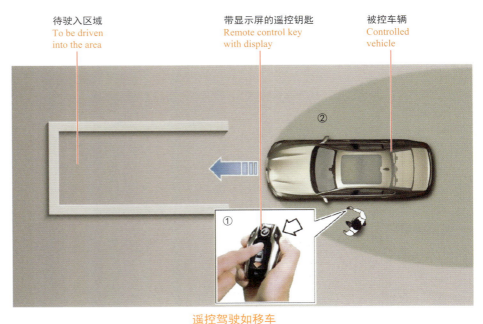

遥控驾驶如移车
Remote driving is like moving a car

11.3 汽车视觉辅助

扫一扫看动画视频

扫一扫看动画视频

左侧相邻车道上逐渐驶近的车辆

同车道前方速度相同的车辆

自动矩阵大灯
Automatic matrix headlights

大灯辅助系统可提高黑暗中行车的舒适性，为它可根据当时的交通状况自动接通和关闭远灯。"可变照明距离"系统采用一个新型的摄像来识别车前的实时亮度，然后实施大灯照明距离无级调节（近光灯到远光灯之间）。

矩阵光柱（Matrix Bean）远光灯由数个光段组成，这些光段相互重叠在一起，构成了远光光束，采用矩阵光柱技术，可以使得各个光段独立接通或者关闭（就是彼此之间没联系，各自单独工作）。如果识别出道路上有别的车辆，那么可以只把此时导致别人眩目的那部分远光灯光段关闭。

夜视辅助系统可以帮助驾员在黑暗中及时识别出车辆前区域的行人，使得驾驶员能及避免危险情况。热敏红外摄像采集图像将车辆前部的热敏图

红外夜视辅助系统
Infrared night vision assistance system

平视显示系统是指将各种车辆系统的信息投影显示到驾驶员视野中的光学系统。如果想了解这些参数，驾驶员不必明显地改变头部位置，只需在端坐的同时将目光投向道路即可。HUD相当于一部投影装置，需要使用一个光源来投射HUD信息。利用LED灯组作为光源，通过TFT投影显示屏产生图像内容。TFT投影显示屏相当于一个滤波器，允许光线通过或阻止光线通过。由一个图像光学元件确定HUD显示图像的形状、距离和尺寸。图像看起来就好像自由漂浮在道路上一样，前窗玻璃相当于反光镜。

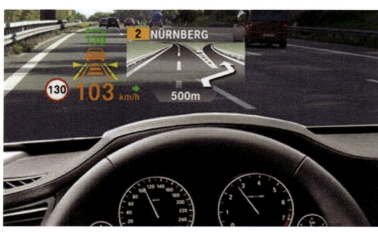

平视显示器（HUD）
Head-up display

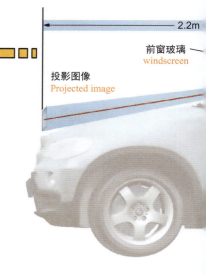

前窗玻璃 windscreen

投影图像 Projected image

第 11 章
汽车自动驾驶系统

扫一扫看动画视频

　　360°全景可视系统弥补了只能通过雷达或者单一的后视摄像头提供影像的缺点。全景可视系统可以有四路视频输出，即前、后、左、右。将摄像头安装在车前、车尾以及后视镜的下面。其由遥控控制，能自动切换画面，视频可以由四个视频组成也可以由单一的视频组成，增加行车的防盗监控与行车安全。

示在组合仪表显示屏上，如果某物识别为人，那么图像还会上颜色。夜视辅助系统不仅能探测生物，还能探测车道和建物轮廓。

全景影像（360°影像）
Panoramic image (360° image)

　　电子外后视镜的原理并不复杂，硬件由高像素摄像头、图像传感器、成像处理器、显示屏等组成，软件一般由可处理丰富影像的软件系统和应用系统组成。通过电子化元件代替传统后视镜，电子摄像头通过线路将采集到的画面传输到前排车窗下方的屏幕之上。

投影距离
Projection distance

显示屏（位于车门内侧）
Display screen

右前车门
Right front door

后视摄像头（位于普通外视镜位置）
Rear view camera

数字后视镜（电子后视镜）
Digital rearview mirror

11.4 汽车安全辅助

扫一扫看动画视频

交通标志识别系统
Traffic sign recognition system

基于摄像头的交通标志识别系统不仅使用驾驶员辅助系统前部摄像头识别到的交通标志，而且还使用导航系统中针对该交通标志的信息，作为预估路段数据传输导航数据，并告知有关前面路段的信息。摄像头识别到的交通标志有更高的优先级。在超出限速时可以警告驾驶员。自适应巡航控制系统（ACC）会接受交通标志识别系统识别到的限速，并用于自身的速度控制。

疲劳驾驶检测通过对转向行为进行分析完成。如果系统识别到驾驶员有疲劳倾向，将发出声音警告，或在组合仪表的多功能显示屏上显示要求驾驶员休息的信息。

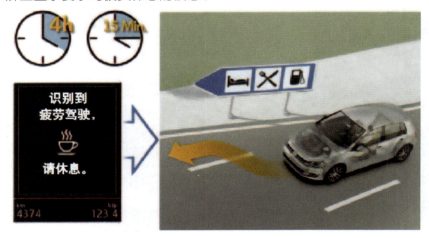

驾驶员疲劳警示系统
Driver fatigue warning system

交叉行驶警告系统可在出停车位以及其他复杂的日情况下例如在复杂的入口和

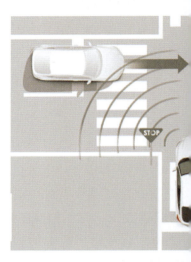

前部交叉行驶警告功能在例如从出口处或复杂十字口处驶入交叉行驶车流时为驶员提供支持。在中央信息示屏驻车距离监控系统图像显示警告。驻车距离监控系启用且自身车速未超过规定度时，会主动接通前部交叉驶警告功能。

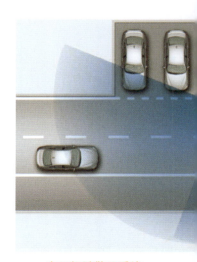

交叉行驶警示系统
Cross-driving warning system

第 11 章
汽车自动驾驶系统

处为驾驶员提供支持。根据车辆置，可提供后部和前部交叉行驶告功能。

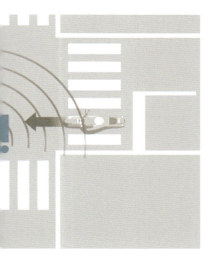

开门防撞警示系统
Anti-collision warning system for opening the door

打开驾驶员车门时，如果旁边有车辆或移动物体通过，开门警示辅助系统发出警告。

后部交叉行驶警告功能可在例倒车驶出停车位时为驾驶员提供持并在不易看清交通情况的条件提醒可能会与交叉行驶车流发生撞。驾驶员挂入行驶挡位"R"驻车距离监控系统启用时，会主接通后部交叉行驶警告功能。在央信息显示屏驻车距离监控系统像内显示警告。

扫一扫看动画视频　　扫一扫看动画视频

如果其他车辆从后部接近并进入到可探测距离内时，换道辅助系统"Side Assist"将向驾驶员发出警告，通过这种方式在超车或更换车道过程中，为驾驶员提供帮助。

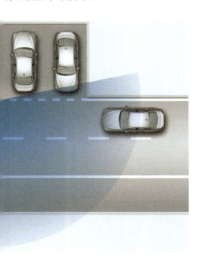

约50 m　　约3.80 m
变道辅助系统控制单元及传感器
探测区域　　约3.80 m

盲区监测系统
Blind spot monitoring system

11.5 汽车无人驾驶

美国汽车工程师协会（Society of Automotive Engineers，SAE）将自动驾驶技术进行了分级，L0属于传统驾驶，L1和L2属于驾驶辅助，L3～L5属于自动驾驶，L5的自动驾驶技术等级也称为"无人驾驶"。

自动驾驶分级		称呼（SAE）	SAE 定义	主体			
NHTSA	SAE			驾驶操作	周边监控	支援	系统作用域
0	0	无自动化	由人类驾驶者全权操作汽车，在行驶过程中可以得到警告和保护系统的辅助	人类驾驶者	人类驾驶者	人类驾驶者	无
1	1	驾驶支援	通过驾驶环境对方向盘和加减速中的一项操作提供驾驶支援，其他的驾驶动作都由人类驾驶员进行操作	人类驾驶者系统			部分
2	2	部分自动化	通过驾驶环境对方向盘和加减速中的多项操作提供驾驶支援，其他的驾驶动作都由人类驾驶员进行操作	系统			
3	3	有条件自动化	由无人驾驶系统完成所有的驾驶操作。根据系统请求，人类驾驶者提供适当的应答		系统	系统	
4	4	高度自动化	由无人驾驶系统完成所有的驾驶操作，根据系统请求，人类驾驶者不一定需要对所有的系统请求作出应答，限定道路和环境条件等				
	5	完全自动化	由无人驾驶系统完成所有的驾驶操作。人类驾驶者在可能的情况下接管。在所有的道路和环境条件下驾驶				全域

等级 0

没有任何自动化驾驶特征
There are no autonomous features

等级 1

可以处理单项任务比如自动制动
These cars can handle one task at a time, like automatic braking

等级 2

至少拥有两项自动化功能
These cars would have at least two automated functions

等级 3

可以动态驾驶但仍须人工干预
These cars handle "dynamic driving tasks" but might still need intervention

等级 4

在某些特定环境下可以无人驾驶
These cars are officially driverless in certain environments

等级 5

不需要驾驶员就可以自动运行
These cars can operate entirely on their own without any driver presence

自动驾驶场景
Autopilot scene

无人驾驶场景
Driverless scene

第 11 章
汽车自动驾驶系统

汽车自动驾驶技术通过视频摄像头（按数量分单目、双目、多目摄像头）、雷达传感器（按类型分超声波雷达、毫米波雷达、激光雷达）来了解周围的交通状况，并通过一个详尽的地图（通过有人驾驶汽车采集的地图）对前方的道路进行导航。

扫一扫看动画视频

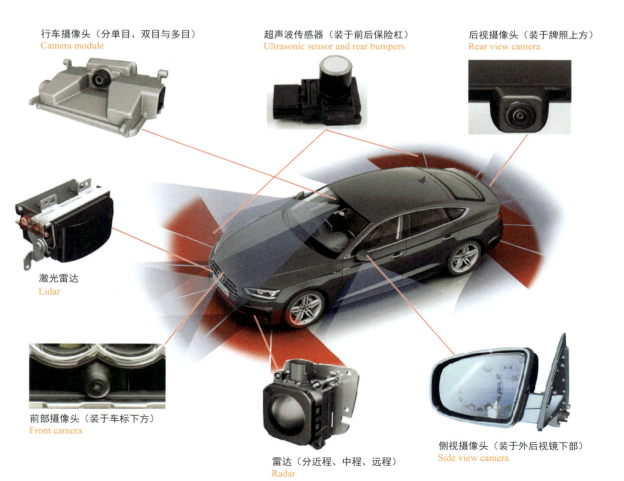

第 12 章
汽车车载网络系统

12.1 总线技术
12.2 通信技术

12.1 总线技术

总线技术及车载网络的出现，使汽车更多更强的功能成为现实。为了既能保证各种汽车电子设备通信顺畅，又能节省空间，应将各个独立的电子设备连接成网络。为了保证信号传递的准确性和可靠性，应将原来的模拟信号转为数字信号。

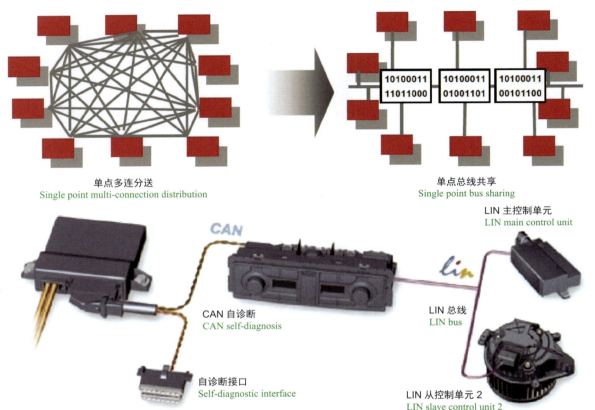

LIN为Local interconnect network的缩写，意为局部互联网络。各个LIN总线系统之间的数据交换是通过CAN数据总线进行的，而且每一次只交换一个控制单元的数据。LIN总线系统是一根单线总线，系统允许一个LIN主控制单元和最多16个LIN从属控制单元之间进行数据交换。LIN总线的数据传送速率是1~20Kbit/s（千位/秒）。

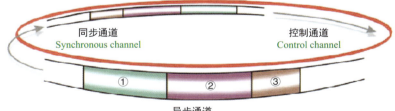

FlexRay中的Flex=灵活，Ray=鳐鱼。电子双线式总线系统；数据传输速率最高10Mbit/s；"活跃"星形的拓扑结构；实时功能；实现了分部式调节并可在安全相关的系统中使用。

MOST为Media oriented system transport的缩写，意为媒体定向系统传输。MOST总线采用光信号传输数据，传输速率可达25Mbit/s，环形结构；控制信号通过控制通道发送，同步通道主要用于传送音频数据，异步通道传输导航系统的图像数据。采用MOST总线通信优点是导线少、重量轻、抗干扰且传输速度非常快。

目前汽车上普遍采用的汽车总线有局部互联协议LIN和控制器局域网CAN，正在发展中的汽车总线技术还有高速容错网络协议FlexRay、用于汽车多媒体和导航的MOST以及与计算机网络兼容的蓝牙、无线局域网等无线网络技术。

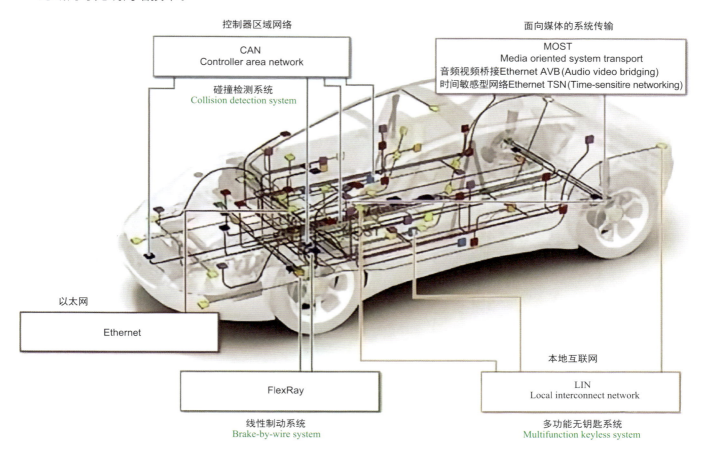

CAN为Controller area network的缩写，意为控制器局域网络，CAN线系统是双线系统，双线同时工作，可靠性很高，最大稳定传输速率可达1000Kbit/s（1Mbit/s）。

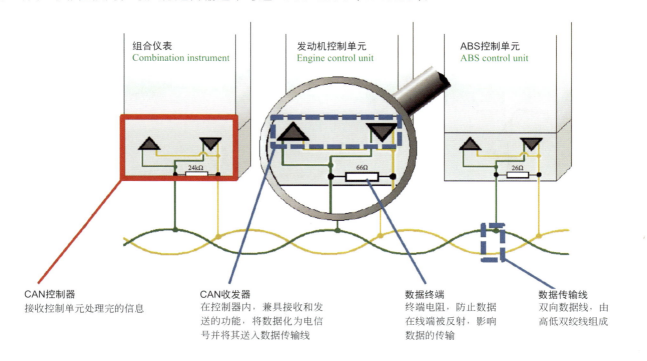

12.2 通信技术

导航系统通过卫星定位系统（全球卫星定位系统GPS）的数据计算车辆当前位置。GPS系统是一种可以准确确定位置、速度和时间的美国军用系统，同样也可民用。GPS系统由24颗NAVSTARGPS卫星构成，这些卫星在20200km的高度处分布在六个轨道面上，每隔12h绕地球一周。

在带有集成式SIM卡和应急运行特性的车辆上，TCB一直充当车载网络失灵时（通过独立电池应急供电）的调制解调器。无论是BMW远程售后服务还是Connected Drive服务（ASSIST、ONLINE、远程和互联网）均使用该调制解调器以及所连接的鳍形天线内的远程通信系统天线。紧急呼叫GSM天线一直是一个独立部件，通过硬线与TCB连接，还有一个话筒和一个紧急呼叫扬声器也是如此。

TCB（远程通信盒）与鳍形天线
TCB (remote communication box) and fin antenna

长期演进LTE是第四代无线通信标准，简称4G。LTE以最高100Mbit/s显著提高了下载速度。LTE保留了UMTS的基本方案。因此可在LTE-Advanced（4G标准）上快速且成本较低地调整UMTS技术（3G标准）基础设施。

Bluetooth™是瑞典的爱立信（Ericsson）公司开发的支持设备短距离通信（一般是10m之内）的无线电技术。使用2.45GHz的波段来进行通信，该波段在全世界范围内都是免费的。

NFC卡片钥匙
NFC card key

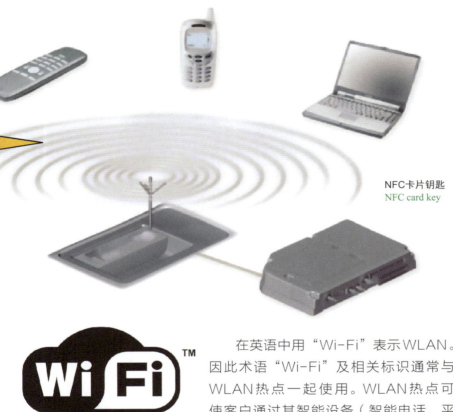

在英语中用"Wi-Fi"表示WLAN。因此术语"Wi-Fi"及相关标识通常与WLAN热点一起使用。WLAN热点可使客户通过其智能设备（智能电话、平板电脑、电脑等）以及用于后座区娱乐系统的触控平板电脑自由访问互联网。

近距离通信系统NFC可通过无线通信技术在不超过4cm的短距离传输数据，该系统于2002年由Philips®和Sony®研发。它以13.56MHz的RFID（无线射频识别）技术为基础。NFC可在不触发操作按钮或按钮组合的情况下提供多种非接触通信方式。

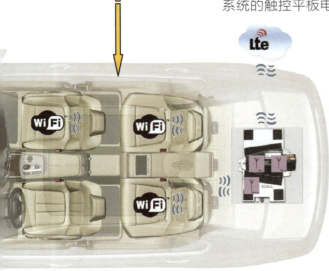

附 录

1. 世界汽车品牌车标大全
2. 中国汽车品牌车标大全
3. 汽车常见英文标识释义

1. 世界汽车品牌车标大全

奔驰（德） Mercedes-Benz	宝马（德） BMW	奥迪（德） Audi	保时捷（德） Porsche	宾利（英） Bentley	路虎（英） Land-Rover
法拉利（意） Ferrari	兰博基尼（意） Lamborghini	布加迪（法） Bugatti	迈凯伦（英） Maclaren	帕加尼（意） Pagani	路特斯（英） LOTUS
大众（德） Volkswagen	斯柯达（捷克） Skoda	西雅特（西班牙） SEAT	标致（法） Peugeot	雪铁龙（法） Citroen	谛爱仕（法） DS
丰田（日） Toyota	雷克萨斯（日） Lexus	本田（日） Honda	讴歌（日）	日产（日） Nissan	英菲尼迪（日）
福特（美） Ford	林肯（美） Lincoln	别克（美） Buick	凯迪拉克（美） Cadillac	雪佛兰（美） Chevrolet	克莱斯勒（美） Chrysler
塞恩（日） SCION	大宇（韩） DAEWOO	GMC（美） GMC	霍顿（美） HOLDEN	悍马（美） HUMMER	宝腾（马来西亚） PROTON

捷豹（英） Jaguar	劳斯莱斯（英） Rolls-Royce	迈巴赫（德） Maybach	阿斯顿马丁（英） Aston Martin	阿尔法罗密欧（意） Alfa Romeo	菲亚特（意） FIAT
玛莎拉蒂（意） Maserati	日野（日） Hino	达夫（荷兰） DAF	曼（德） MAN	斯堪尼亚（瑞典） SCANIA	依维柯（意） IVECO
雷诺（法） Renault	精灵（德） Smart	迷你（英） MINI	沃尔沃（瑞典） VOLVO	萨博（瑞典） SAAB	欧宝（德） Opel
三菱（日） Mitsubishi	马自达（日） Mazda	铃木（日） Suzuki	斯巴鲁（日） Subaru	五十铃（日） ISUZU	现代（韩） Hyundai
吉普（美） Jeep	道奇（美） Dodge	通用（美） GM	特斯拉（美） Tesla	起亚（韩） KIA	双龙（韩） Ssangyong
大发（日） DAIHATSU	罗孚（英） ROVER	野马（美） MUSTANG	捷达（德） JETTA	皇冠（日） CROWN	

品牌归属说明：大众（大众、奥迪、保时捷、兰博基尼、宾利、斯柯达、西雅特、曼、斯堪尼亚、捷达）；通用（别克、雪佛兰、凯迪拉克、GMC、霍顿、大宇、悍马）；菲亚特（菲亚特、法拉利、玛莎拉蒂、阿尔法罗密欧、蓝旗亚、克莱斯勒、吉普、道奇）；丰田（丰田、雷克萨斯、大发、塞恩、斯巴鲁、皇冠）；本田（本田、讴歌）；日产（日产、英菲尼迪）；标致雪铁龙（标致、雪铁龙、DS、欧宝）；印度塔塔（捷豹、路虎、罗孚）；中国吉利（沃尔沃、宝腾、路特斯）；现代（现代、起亚）；福特（福特、林肯、野马）；奔驰（奔驰、smart、迈巴赫）；宝马（宝马、mini、劳斯莱斯）。

2. 中国汽车品牌车标大全

一汽（吉林）	奔腾（一汽）	红旗（一汽）	北汽（北京）	幻速（北汽）	威旺（北汽）
吉利（浙江）	吉利（旧标）	帝豪（吉利）	全球鹰（吉利）	英伦（吉利）	华普（吉利）
比亚迪（广东）	比亚迪（旧标）	上汽（上海）	大通（上汽）	荣威（上汽）	名爵（上汽）
江淮（安徽）	江淮（旧标）	江铃（江西）	陆风（江铃）	华泰（山东）	众泰（浙江）
汉腾（江西）	欧尚（长安）	欧尚（旧标）	纳智捷（台湾）	领克（吉利）	中华（辽宁）
东风（湖北）	启辰（东风）	解放（一汽）	福田（河北）	重汽（山东）	陕汽（西安）
蔚来（上海）	小鹏（广东）	威马（上海）	理想（北京）	零跑（浙江）	高合（上海）
智已（上汽）	合创（广汽）	极氪（吉利）	极星（吉利）	思皓（江淮）	极狐（北汽）

3.汽车常见英文标识释义

TFSI表示带涡轮增压缸内直喷技术发动机，后加e表示PHEV插电混动类型，quattro为四轮驱动。55表示加速值，数字越大，加速越快	ECOBOOST表示福特带涡轮增压缸内起直喷与双可变气门正时技术的发动机，285表示发动机最大马力

Ddi为五十铃超压共轨技术，VGS指可变截面涡轮增压技术，3.0为柴油发动机排量	斯巴鲁车型"智能水平对置发动机"配置标识。因为发动机工作时活塞就像拳击手相互出拳，所以俗称拳击手发动机（Boxer engine）

荣威蓝芯高效动力科技标识，集成TGI涡轮增压、缸内直喷、TST双离合变速器等技术	节能标识，带发动机智能启停功能的车型

奥迪电动汽车类型标识	RS为奥迪高性能运动车型类型	S为奥迪运动型汽车类型

日产采用独特的高抗拉强度钢带传动的无级变速器	斯巴鲁车型左右对称全时全轮驱动系统标识	讴歌四轮精准转向系统技术标识
	ST Line	
大众带外观内饰运动套件的运动版车型标识	福特带外观内饰运动套件的运动版车型标识	捷豹带运动套件版本的车型标识

限制版本车型标识	荣威"绿芯"新能源车型标识	福特铂金版车型（最高配置）标识

丰田插电混动车型标识	福特插电混动车型标识	丰田电动汽车标识

TURBO表示发动机涡轮增压技术，4MATIC为奔驰四轮驱动标识，AMG车型后加"+"为可以实现100%的后轮驱动的四驱版本	丰田发动机技术："D"发动机采用双喷射系统，"4"表示4冲程，"S"是加强版，"T"表示带涡轮增压	XDriver为宝马四轮驱动标识，28i的2代表2.0T发动机，8代表高功率版，i表示标准轴距版本车型

马自达创驰蓝天省油发动机技术：使用92号汽油实现13:1高压缩比的缸内直喷发动机	PHEV为插电式混合动力车型标识，430为功率等级，数值越大动力越强，加速性能越好	T指双增压（涡轮增压加机械增压），S指分层，I指喷射。380表示扭矩等级，为2.0T高功率版本

标致雪铁龙带涡轮增压直喷发动机的车型标识	带涡轮增压的燃油缸内直喷技术的汽油发动机	本田可变气门正时与可变气门升程技术（VTEC）的合体

M为宝马高性能汽车类型	AMG为奔驰高性能汽车类型	HYBRID为混合动力汽车标识	四轮驱动标识

讴歌超级操控四轮驱动技术标识		长城魏与巴博斯（德国汽车改装品牌）合作车型	运动型汽车

讴歌高性能运动版本车型标识	别克艾维亚顶配豪华版标识	性能车型标识	PLUS加强版	高性能车型

福特钛金版车型（高配置）标识	吉普豪华版车型标识	跨界车型标识

（纯）电动汽车	增程式电动汽车（发动机只充电）	插电混动汽车（可充电的混动汽车）	丰田燃料电池汽车（FCV）

参考文献

[1] 陈家瑞. 汽车构造. 北京：机械工业出版社，2013.

[2] 关文达. 汽车构造. 北京：机械工业出版社，2010.

[3] 张金柱. 图解汽车原理与构造. 北京：化学工业出版社，2016.

[4] 王海林. 汽车专业英语. 北京：机械工业出版社，2008.

[5] 朱派龙. 图解汽车专业英语. 北京：化学工业出版社，2008.

[6] 张金柱. 图解英汉汽车实用词典. 北京：化学工业出版社，2014.

[7] 陈新亚. 视频图解汽车构造与原理. 北京：机械工业出版社，2020.

[8] 陈新亚. 汽车为什么会跑—图解汽车构造与原理. 3版. 北京：机械工业出版社，2017.

[9] 陈新亚. 看图秒懂汽车原理. 北京：化学工业出版社，2022.

[10] 于海东. 图解汽车构造与原理. 北京：机械工业出版社，2018.

[11] 杨智勇. 看图学汽车构造与原理. 北京：化学工业出版社，2021.

[12] 瑞佩尔. 汽车构造与原理. 北京：化学工业出版社，2022.

[13] 谢伟钢，陈伟来. 彩色图解汽车构造与原理. 北京：机械工业出版社，2017.

[14] 赫扎特，胡顺堂，姜绍忠. 汽车构造与原理三维图解. 彩色版. 北京：机械工业出版社，2020.

[15] 瑞佩尔. 新能源汽车结构与原理. 北京：化学工业出版社，2018.

[16] 何洪文，熊瑞. 电动汽车原理与构造. 北京：机械工业出版社，2018.